TOOLS FOR CAREGIVERS

- **F&P LEVEL:** C
- **WORD COUNT:** 37
- **CURRICULUM CONNECTIONS:** animals, habitats, nature

Skills to Teach

- **HIGH-FREQUENCY WORDS:** a, by, gets, has, I, in, it, see, up
- **CONTENT WORDS:** air, bye, comes, dives, flippers, ice, lives, narwhal, pod, spots, swims, tail, tusk, whale
- **PUNCTUATION:** comma, exclamation points, periods
- **WORD STUDY:** long /a/, spelled *ai* (*air, tail*); long /e/, spelled *ee* (*see*); short /i/, spelled *i* (*it, lives, swims*); short /u/, spelled *u* (*tusk, up*)
- **TEXT TYPE:** information report

Before Reading Activities

- Read the title and give a simple statement of the main idea.
- Have students "walk" through the book and talk about what they see in the pictures.
- Introduce new vocabulary by having students predict the first letter and locate the word in the text.
- Discuss any unfamiliar concepts that are in the text.

After Reading Activities

Explain to readers that narwhals are whales. Whales cannot breathe underwater like fish, so they come up to the surface for air. *Air* has a long /a/ sound. Can readers find the other long /a/ sound, spelled *ai* (*tail*) in the book? Write *ai* on the board. What other words can readers name with the long *ai* sound and spelling? Write their answers on the board.

Tadpole Books are published by Jump!, 5357 Penn Avenue South, Minneapolis, MN 55419, www.jumplibrary.com

Editor: Jenna Gleisner **Designer:** Emma Almgren-Bersie

Photo Credits: A & J Visage/Almay, cover; Adwo/Shutterstock, 1; WaterFrame/Alamy, 2tl, 8–9; Dotted Yeti/Shutterstock, 2tr, 2bl, 6–7; Flip Nicklin/Minden Pictures/SuperStock, 2ml, 2br, 3, 10–11, 12–13; Todd Mintz/Alamy, 2mr, 4–5, 14–15; dottedhippo/iStock, 16.

Library of Congress Cataloging-in-Publication Data
Names: Nilsen, Genevieve, author.
Title: Narwhals / by Genevieve Nilsen.
Description: Minneapolis, MN: Jump!, Inc., (2024)
Series: My first animal books | Includes index.
Audience: Ages 3–6
Identifiers: LCCN 2022054042 (print)
LCCN 2022054043 (ebook)
ISBN 9798885246736 (hardcover)
ISBN 9798885246743 (paperback)
ISBN 9798885246750 (ebook)
Subjects: LCSH: Narwhal—Juvenile literature.
Classification: LCC QL737.C433 N55 2024 (print)
LCC QL737.C433 (ebook)
DDC 599.5/43—dc23/eng/20221110
LC record available at https://lccn.loc.gov/2022054042
LC ebook record available at https://lccn.loc.gov/2022054043

MY FIRST ANIMAL BOOKS

NARWHALS

by Genevieve Nilsen

TABLE OF CONTENTS

tadpole books

WORDS TO KNOW

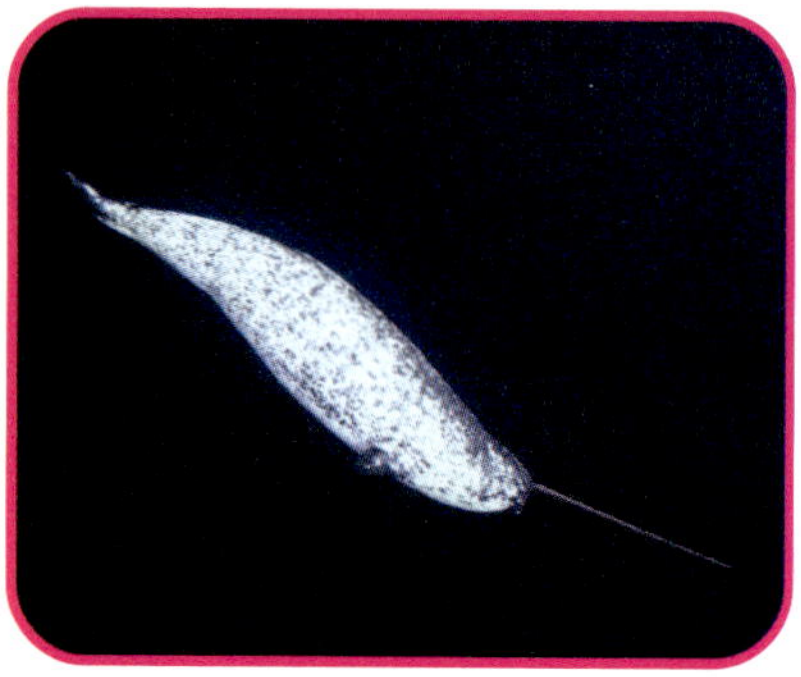

dives

flippers

pod

spots

tail

tusk

NARWHALS

I see a tusk!

A whale swims.

It has spots.

It has flippers.

It has a tail.

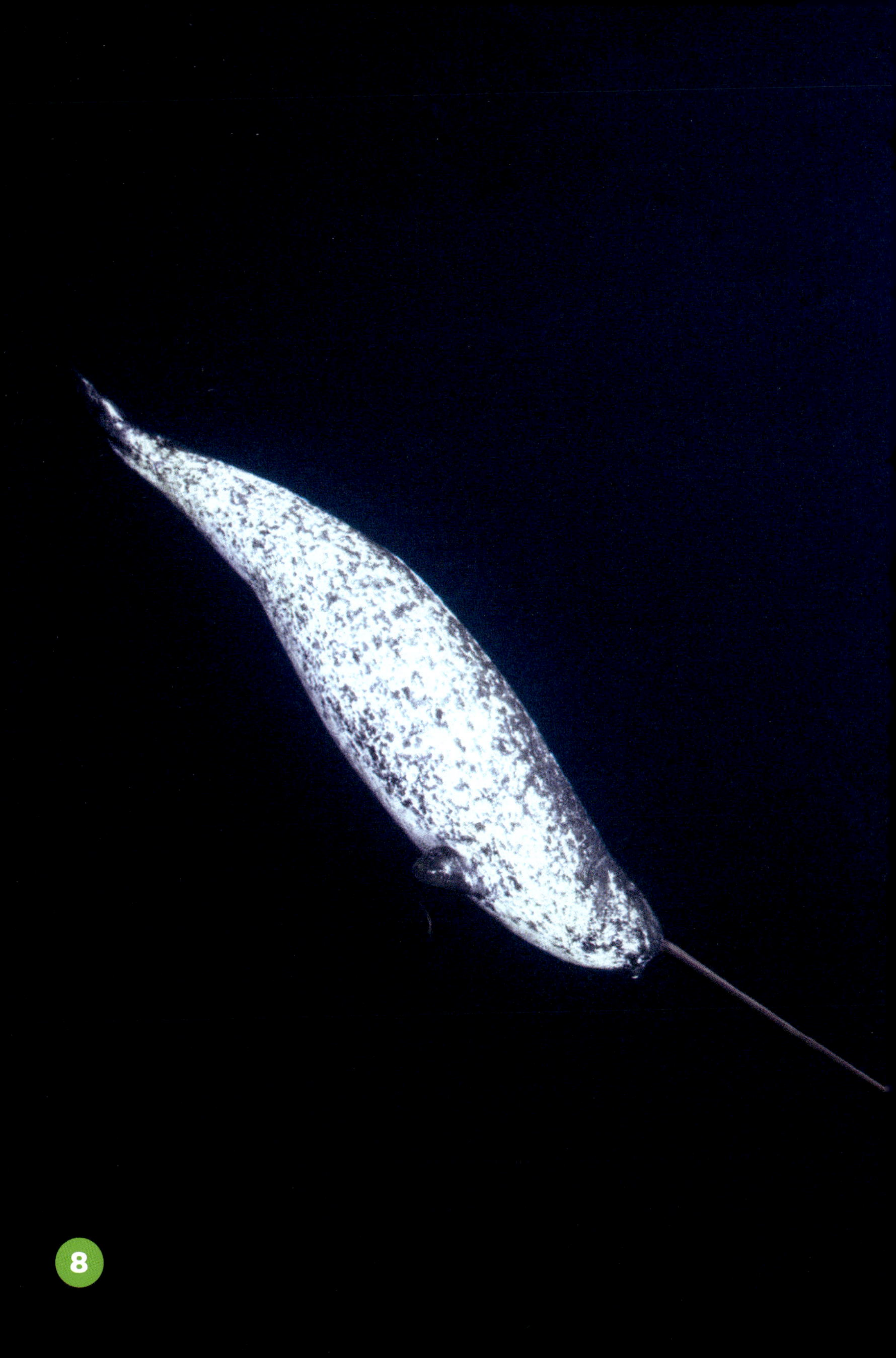

It dives.

It comes up.

It gets air.

It lives in a pod.

It swims by ice.

Bye, narwhal!

LET'S REVIEW!

Narwhals are whales. They swim in the ocean. What body parts help them swim? Name and point to them.

INDEX

高峰秀子　夫婦の流儀

斎藤明美 編

とんぼの本

新潮社

夫婦をめぐる10のキーワード

斎藤明美

旅先の海辺で。

幻のエッセイ

忘れられない贈りもの

フジタ画伯に祝福されたカップル

ロングドレスを着た〝お秀〟こと高峰秀子[左]にスミレの花を捧げる〝お善〟松山善三[右]。パリの〝ヘチャプリ〟藤田嗣治(レオナール・フジタ)が親交の深かった二人のために描いた。この絵にまつわる話の詳細は、17頁からの高峰さんのエッセイ「私はパリで結婚を拾った」でどうぞ。

レオナール・フジタ　無題
1959〜61年頃　油彩、板、各8×5cm(画面)

結婚

1955年3月26日、
高峰秀子は松山善三と結ばれた。

左頁／結婚式の朝、東京・麻布の高峰邸で。松山善三29歳、秀子30歳。

幻のエッセイ 1

「結婚」について

結婚のこと、夫婦論、お互いへの思い、愛情について——いまでは絶版となった著作や単行本に未収録の雑誌記事から、妻・高峰秀子さん、夫・松山善三さんが綴り語った貴重なエッセイを選びました。

カルメン婚約す

「週刊朝日」1955年3月6日号より

松山　自分に忠実なところ、正直です。

問　欠点は？

松山　長い映画生活で身についてしまったわがまま。でも、お互いに協力して、やって行こうと思ってます。

問　デコちゃんにひかれたのは？

松山　役のこなし方が上手なばかりでなく、とても人間的なものを感じたことです。それに寂しがりや、男としてエスコートしたいって気になったんです。

「土方してでも……」

松山善三

問　大スターとの結婚で大変でしょう？

松山　愛して行ける自信はあります。いろいろ大変でしょうけど……。

問　デコちゃんの美点は？

問　かりにデコちゃんが女優として失敗した時は？

松山　もちろん一人の女性として、愛し続けます。土方やってでも養って行きます。

問　月給は

松山　一万四千円。

問　愛読書は？

松山　生きてる作家では、田宮虎彦のもの。「絵本」「落城」など、田宮さんのものは、ほとんど皆読んでます。死んだ人では、寺田寅彦の随筆。

問　音楽は？

松山　特別、どの作曲家が好きというのではないが、クラシック一般。

問　好きな映画俳優は？

松山　名前もあまり知らない。

問　監督では？

松山　マルセル・カルネ（フランス＝「霧の波止場」「北ホテル」など）

問　医専を中退したのは？

松山　はじめから文科畑に行きたいと考えていた。戦争中、父のすすめで、無理に医専に入ったんです。

問　盛岡の町の印象は？

松山　町の中どこにでも樹のあるのが好きだった。大変きれいな町、冬の盛岡はとくに美しかった。桜山公園にある啄木の碑のあたりは、忘れられない。

問　身長、体重は？

松山　五尺六寸五分、十四貫五百。

「いい奥さんに」

高峰秀子

問　木下さんから初めて話を聞いた時は？

高峰　あまり突然でビックリしちゃった。それまで、スタッフの人とは、皆同じようにおつき合いしてたから……

問　結婚する気になったのは？

高峰　私、いま本当は、仕事一本に打ちこみたいの。でも、松山さんとおつき合いしてるうちに、こんな人、二度と現われないような気がして来た。大金持と結婚する気もないし、特別理想の人というようなものもなかった。結婚したいとも、したくないとも思ってなかった。

眼の前に、こんないい人が現われたのなら、結婚するのも、運命じゃないかという気がした。私、いままでやって来たことで、後悔したことはなかったし、こんどもカンで、うまく行くような気がする。

問　松山さんて、どんな人？

高峰　真面目な方。自然な感じのする方。私の持ってないものを持ってる人ね。私みたいにチャランポランでもないし……私がいままで、おつき合いした限りでは、とても潔癖な感じがする。

問　突然、公表したのは？

高峰　ゴシップ種になるのがいやだった。ゴシップになったとたんに、不潔な感じがしてきちゃうでしょう。結婚だけは清潔にやりたかった。

だれでも結婚するんだし、日本にいくらでも不幸が転っている時に、私の結婚なんてプライベートなこと（私事）で、ゴタゴタ騒がれるのは、いやだったんだけど、こっちから発表しちゃった。

ことに、私は、これまでもさんざんいわれて来たけど、松山さんは、キチンとした人。松山さんをゴシップで傷つけたくなかった。

問　どんな結婚式を挙げますか

高峰　帝国ホテルや東京会館なんてとこは避けて、ごく内輪でやりたい。私の知ってる人はたくさんあるけど、松山さんは違う。そんなことで、松山さんの気持に負担

1955年、木下惠介監督［中央］の仲立で婚約発表。

をかけたくない。

問　映画には？

高峰　もちろん続ける。木下先生のものにも出ます。次は木下先生の「君一人」（仮題）を演ります。

問　子供は？

高峰　仕事を続けてるうちは、ほしくない。

問　どんな奥さんになりたい？

高峰　私とっても、わがままでしょ。いままで、この家の主人みたいに暮して来た。疲れて帰れば、すぐフンゾリ返ってベッドにもぐりこんじゃった……

それが結婚して直るかしら、ちょっと心配。でも、奥さんになる以上、いい奥さんになるつもりよ。

私の妻の名は高峰秀子

松山善三

「丸」1955年4月号より

偶然から偶然へ

私が高峰秀子という名を知ったのは、今からもう何年前になりますか、「綴方教室」という映画で、スクリーンを通じてお会いした時です。うまい女優さんだと、思っていました。

しかしその時分、私は映画界へ入ろうなどとは夢にも考えておりませんでした。むしろ純粋の文学青年で、作家として立ちたいと思っていたのですが、父のすすめで岩手医専に入学しました。しかしどう考えても医者になる気もちになれないので、中途で学校をやめてしまった。

なんとかして筆で一本立ちしたいと思い、東京で出版関係の仕事をしている従兄に相談すると、「とんでもない、今どき文筆で立とうなんて、お前の考えは甘すぎる」

と頭からやっつけられ、いささかたじろぎましたが、私の気持は変りません。すると従兄は、それならば多少とも文筆の仕事に関係のある出版関係で働いてみたらと、小さい出版屋でしたが「探書マンスリー」というダイジェスト雑誌の編集を手伝うことになりました。

私の読書趣味は、なくなった寺田寅彦氏の随筆とか、今の作家では田宮虎彦さんのものにひかれます。毎月の文芸雑誌を読みあさりながら、家へ帰ると、コツコツと書いていました。小説のようなものだったり、シナリオのようなものだったり、ずいぶん書きためたものでした。

その頃私は前に述べた従兄の家に同居させてもらい、そこから東京へ通っていたのですが、別に友だちらしいもの、ことに女の友だちは一人もいませんでした。もともと女性に関する考え方も、頭が古いのでしょうか、近ごろの若い人たちの振舞、ああいう派手な交際は私の性に合わないようです。

たまたま大船でシナリオライターを募集していることを知り、とにかくと、応募してみたら、運よく採用となり、入社してから当分の間は助監督として現場の様子を見習うことになったのです。

偶然といえば偶然で、こうして映画の世界へ入ったわけですが、私は何事でも、自分に与えられた仕事に熱中する性質で、前の出版屋にいた時にも、これが自分に与えられた仕事なのだと、一生懸命にやりました。ものを書く勉強は勉強として、これも熱心にやっていたのですが、こんどは助監督という仕事を与えられ、やはりこれに熱中しました。

映画界の人になろうとして入ったわけではないので、私はほとんど映画人、俳優なども、顔も名前も知りませんでした。入社当時、撮影所内部の空気になじめないで困ったものです。名の知れた女優でも、フィルムの外の生活をみていると、ずいぶん意外なことが多く、そう云っては何ですが、決して彼女らを尊敬する気もちにはなれませんでした。

しかし私は運がよかった。二十四年の「結婚指輪」以来木下恵介先生の門に入り、適確な勉強ができ、シナリオを書く機会にもめぐまれ、熱心にやりさえすれば一歩一歩前進できるという計算がきちんと出る、私は夢を現実に乗せて、毎日楽しく仕事ができたのです。

私は彼女を愛している

高峰さん、――結婚するまでは、当分、こう呼ぶことにしています――と仕事の上で顔が合ったのは「カルメン故郷に帰る」が最初でした。彼女は役のこなし方が実にうまい。しかしそれ以上に人間的なものに深い魅力がある。そして、二回三回と仕事の上でおつきあいしているうちに、強情で寂しがりやの彼女の気性に、なにか友情以上のものを感じるようになっていたようです。

「二十四の瞳」の時、小豆島での長いロケの間、とくに親しい交際をつづける機会に恵まれました。今になってみれば、すべては木下先生のお心づかいとわかったので

上／チャペルセンターで式を挙げる。二人を取り囲む報道陣、
カメラの数はすさまじい。
下／フラッシュの閃光からようやく逃れ、車の中へ……。
右は仲人の一人、三益愛子(川口松太郎夫人)。

すが、小豆島では、私は親しくなって嬉しいという程度でしたが高峰さんは、結婚という前提条件で私を観察していたのですから、考えてみると冷汗ものです。

しかし私たちは、あくまでも仕事を通じての交際であり特別に機会を作って会うこともなかったし、お茶を飲みに出かけるということもしませんでした。先月婚約を発表した現在でも、あれ以来一週間になりますが、一度会ったきりです。

木下先生から結婚の話が出た時、もちろん嬉しかった。私には高峰さんを女優として尊敬しているが、同時に一人の女性として十分に愛情を感じている。しかし彼女をまるのみしているわけではない。長い映画生活の間に身についてしまった野放図なわがまま、欠点は大小、いくつかあると思う。それはお互いに忠告しあい、協力すれば、消えていくと思う。結婚は一生の仕事です。よく、高峰さんが現在女優として最高の時だが、失敗した時には？　ときかれますが、私の本当の気持は、女優高峰としてではなく、一個の女性高峰と結婚するのです。どんな貧乏にもめげずに一緒にやっていくつもりです。

一種の見合結婚だと新聞などに書いてありますが、私の気持の発展は、前に申上げた通り、自然に愛情が芽生えた形ですから、決して突然変異ではなかったのです。むしろ突然の婚約発表で驚いたのは世間の方なので、その驚きが私たちの婚約を突然まとまったものだろうと推測したがるのでしょう。

高峰さんも云っている通り、結婚の約束がきまってからモタモタと交際をつづけているうちに、変なゴシップが飛んだりしたら何か不潔な感じになってしまう、結婚だけは清潔にやりたいというので、急に婚約発表ということになったです。結婚の日どりはまだきめていませんが、あまり遠い後のことではないことは確かです。

いずれにしても、昨年度の女優賞を一人じめにしたような女優さんとの結婚ですから、さぞかし大変だろうと、世間では好奇の眼でみているようですが、もちろん大変でしょう。しかし、愛していける自信はありますし、二人ともまだ若いのですから、あまり大騒ぎせずに、もし御厚意がございましたら、そっと私たちの将来を見守っていていただきたいと思います。

私はパリで結婚を拾った

高峰秀子

『つづりかた巴里』1979年7月刊より

「パリ」は不思議なところである。明治、大正、昭和と、この百年もの間、私たち日本人は頼まれもしないのに、ひたすら、パリに焦がれ、パリを愛し、パリへパリへと草木もなびく始末である。パリへ一度も行ったことがない、という人なのに「どこそこの街の角にはバルザックの銅像があって、あ、そこを右に曲がると郵便局がありますよ」なんてことを口走るのだから驚く。ダミアやイヴ・モンタンの鼻にかかった歌声を聞いただけでもズイキの涙をながし、ジャン・ギャバンやシャルル・ボワイエのファンは女性より男性のほうが多く、女性は狂人のごとくルイ・ヴィトンやセリーヌのハンドバッグにしがみつき、サンローランやディオールの服を着ればめっきり女前？　があがると信じて疑わない。モジリアニ、ゴッホ、ユトリロの悲惨でさえ、いつの間にかロマンティックなひびきを持って伝えられてくる……。どれもこれも、私たち日本人の「パリへの片思い」である。パリのどこにどう引かれたのか、そういう私もまた、ある偶然の機会から「片思い派」の一人になるハメになったのだから世話はないけれど。

私とパリとの出合いは昭和二十六年だったけれど、フランスとかパリとかいう地名を知ったのは、まだ私が「ガキ」だったころからで、ほとんどの印象は、やはり映画が大半だった。ちょっと思い出しても『巴里祭』『制服の処女』『自由を我等に』『天井桟敷の人々』『ペペ・ル・モコ』……と古いフランス映画の題名が続々と浮かんでくる。バルザックの銅像のそばに郵便局がある、とまでは分らなくても、パリの街のたたずまいや、シャンゼリゼとかオペラ座とかエッフェル塔はいつの間にか私の頭の中にしっかりと刻みこまれていったようである。

私にとっての生まれてはじめての海外旅行はパリだった。戦後はじめてヴェニスの映画祭に日本の俳優が招待されることになって、当時人気女優だった私の名が指名されたのだった。私はありがたくその「権利」を頂戴した。そしてかんじんのヴェニス映画祭には出席せず、パリで、たった一人の半年間をすごしたのであった。私はもともと映画祭のようなハデな場所は苦手だし、なにしろ当時の私は精神的に疲れ切ってヘトヘトだった。とにかく日本国以外の場所へ逃亡したかった。パリだろうが、バリーだろうが、インドであろうが、どこでもよかったのである。そういうわけで、私はたまたま半年間をパリの下宿ですごしたわけである。西も東も分らず、言葉も分らぬ娘っ子の私に、パリはジワリジワリといろいろのことを教えてくれた。人気スターの仮面や衣裳を脱ぎ棄てて、木綿のシャツとスカートにサンダルを履いた私は、見るもの聞くものすべてにビックリし、『巴里ひとりある記』という綴方を書いた。私のはじめての単行本である。パリ滞在中に、東京新聞の仕事で藤田嗣治画伯と対談をしたのがきっかけになって、藤田夫妻に可愛がっていただくようになり、その後のパリ旅行は、藤田画伯におめにかかるのが一つの楽しみになった。この本の表紙になっている絵は、昭和三十六年に、私たち夫婦がパリを訪ねたとき、ノミの市で古いモザイクの額をみつけ、その額の中に藤田画伯が絵を描いてくださったものである。藤田画伯の言葉によると「お善がお秀にスミレの花束をプレゼントしているところ」だそうで、場所は向うにパリの街並みの見えるテラス。お善はひどく短足で、お秀はロングドレスを着ている。私たち夫婦は藤田画伯を「ヘチャプリ」と呼んでいた。ある日、藤田画伯に御馳走になっていたとき、突然、藤田画伯が「君たち、藤田センセイはよせよ。なんとなくギコチなくてイヤだよ。人間の名前なんて番号みたいなもので、フジタであろうがヘチャプリだろうが一向にかまわない。ボクの名前、これからヘチャプリでいいや、ボクも君たちをお善、お秀って呼ぶから」と宣言したからである。ヘチャプリと私たちのおつきあいは、ヘチャプリがあの世へ旅立つ寸前まで続いた。といっても、あちらさんはパリの住人、私たちは日本国の住人だし、あちらさんは日本へは来なかったから、会うのはこちらがパリへいった時だけで数えるほどの日数である。あとは手紙のやりとりだけだったけれど、ヘチャプリは黒色の細いペン書きの蟻のように小さい字で書いた手紙をたくさんくれた。便箋の中に絵の具で小さな葬式マンジュウが描かれていて「今度、パリへ来るとき、これ持ってきておくれ。食べたいよう。ヘチャプリより」というのもある。あるときはヘチャプリ大王とあり、あるときはパリのヘチャプリであり、洗礼を受けてからはレオナルド・ヘチャプリになった。よっぽどヘチャプリという名が気に入っていたらしい。最後になった手紙は、ランスでヘチャプリの念願であった教会の壁画を描いている最中のもので「寒いけど頑張って描いてるよ。この壁画を完成しないうちは、死んでも死にきれないよ」と、ヘチャプリの手紙にはじめて「死」という字が登場した。あの、五尺に満たないような小柄なヘチャプリにとって、大壁画制作の作業がよほど辛かったのか、それともその頃から身体の異状を意識していたのか、私には分らないけれど、その後に出した私の手紙への返事は、永久に来なかった。ヘチャプリは晩年、フランス人になってしまい、洗礼を受けてからは「レオナルド」というクリスチャンネームを持ったけれど、あんなに日本人である（というのはヘンだけれど）日本人を、私は見たことがない。家の地下室にはいつも一年分の味噌や醬油のタルが並んでいたし、会話にも手紙にも「ミツバとワサビ」が食べたいの「セリのおひたしと鮭の一塩」がどうの、と、必ず日本の食べものが登場した。趣味は落語のレコードを聞くことで、同じレコードをくりかえし聞いてはクスクス笑っていた。私はいつか、ヘチャプリの最後の仕事になったランスの教会を訪ねたい。そして、そのときは、ヘチャプリの好きだった木の葉の焼印のある葬式マンジュウを持っていこうと思っている。

話があとさきになったけれど、私が結婚をしたのは昭和三十年、パリに半年暮してから三年ちょっとたってからだった。私はパリに半年しゃがんでいることによって、心身共に健康を取り戻したようである。その結果が「結婚」という姿で現れた、ということは、つまり、私は私の結婚をパリで拾った、といってもいいだろう。けれど、結婚即、幸福につながるわけではない。女は結婚をするとなんとなく安心しちまう気があるらしく、「めでたく結婚にゴールイン」なんていう言葉をあさはかにも信じてしまうが、とんでもないことで、結婚は、新しい人生のスタートラインを切る、ということだと私は思っている。当り前だが、そのスタートラインは男と女の二人で切る。違う場所であれ、違う境遇に育った、それも男性と女性という異性二人が、中身に何が入っているのかてんで分らない「結婚」という荷物を天秤棒に通してかつぐのだからエラいことである。その荷物からニョロニョロと苦しみが顔を出したり、チョコチョコと喜びが飛び出したりするから、天秤棒をかつぐ手を一時でも放したり休んだりするわけにはゆかない。どちらかがへたばって手を放せば、間違いなく片方も荷物もろともひっくり返ってしまうのである。結婚は「疲れる」ものなのだ。

私たち夫婦はその荷物を二十五年かつぎ続けてきて、やっと銀婚式までたどりついたけれど、荷物の中に、金婚式が入っているとは限らない。どころか、明日、明後日のことさえ神様以外には分りはしないのだ。それでも私たち夫婦は今日も天秤棒をかついでいる。「オサルノカゴヤダ、ホイサッサ」と、カラ元気を出して歌いながら……。

話を、私がパリで拾った、というよりその気にさせた「結婚」というお荷物からはじめよう。

都内のレストランで。どちらも美味しいもの好き。

夫婦をめぐる10のキーワード

文・斎藤明美

新婚時代の二人。

どんな夫婦の間にも、普遍的で大切な問題がある。松山夫妻はそれをどうとらえ、乗り越えたのか。二人の流儀を、養女の斎藤明美さんが10のキーワードから解き明かす。

1 約束

結婚した時、高峰秀子は松山善三に言った、

「私は今、人気スターとやらで映画会社がたくさん出演料をくれていますが、くれるお金はありがたくいただいて、二人でドンドン使っちゃいましょう。でも、女優商売なんてしょせん浮草稼業。やがて私が単なるお婆さんになった時は、あなたが働いて私を養ってください」

松山のほうも、高峰にあることを言った、

「一つだけお願いがあります。一生、たくわんだけは食べないでください」

些細なことに聞こえるかもしれないが、松山にとっては死活問題だった。何しろ松山は漬物の類が大嫌いで、それも震えがくるほど苦手だったのだ。梅干しなど仇敵である。

松山の師匠である木下恵介監督も漬物が嫌いだったそうだ。しかし出来合いの弁当にはたいがい漬物や梅干しが入っている。だからある日の昼時など、監督を筆頭に木下組のスタッフが横一線に並んで、ロケ弁（ロケーション撮影の際に用意される弁当）を土手から一斉に投げ捨てたという逸話が残っている。

だが松山の漬物嫌いは師匠にならったわけではない。物心ついたら、嫌いだった。恐らく、松山が二歳から九歳の時まで二人きりで暮した祖母が、躾に厳しかった一方でやはり孫を溺愛したのだろう。「僕は、毎日、卵焼きとコロッケばかり食べていた」というから、祖母は可愛い孫が好まぬものは強要しなかったと思える。

そんな大嫌いなものを、松山は毎日の食卓にのぼせてほしくないし、自分の目の前で食べてほしくないから、妻となった人に告げたのである。

そんな夫の気持ちに応えて、高峰は終生、二人の食卓に漬物や梅干しを出さなかった。

ある時など、「ああ、これほど気を配るのか」と、私は感動したことさえある。

それは今から十五年前、松山が文化庁主催の脚本賞を受賞した日だった。

私はお祝いに、二人が贔屓にしていた竹葉亭の鰻重を買って松山家に届けた。夫婦水入らずで祝いたいだろうと思って、玄関先で鰻重を渡して帰ろうとすると、「あんたもとうちゃんが帰るのを待っていてあげて」と高峰に言われて、その言葉に甘えることにした。

確か、杉村春子さんの訃報が報じられた日だから四月四日のことである。

高峰が杉村さんとの思い出など語って、一時間近く経った時だったと思う。突然、高峰が「あッ」と声を上げたのだ。

何事かと驚いている私をよそに、高峰は台所に置いてあった鰻重を食卓に持ってきた。

そして重箱の蓋を開けると、

「やっぱり」

一人で納得している。

何が「やっぱり」なのだ?

「こういうものには絶対入ってるのよね」

それは重箱の隅に入れてある刻んだ黄色いたくわんだった。

高峰はそれを小さなアルミフォイルごと取り除くと、念のためというように、周りのご飯まで箸で丁寧に取り去った。

「匂いがついてるといけないからね」

さらに団扇《うちわ》で煽いで、しばらく放置した。たくわんの匂いを飛ばしたのである。

その一連の作業をする高峰の姿を見ていて、私はスクリーンの中の彼女より美しいと思ったのを覚えている。

だが、これら結婚時に二人が互いに告げた言葉は〝約束〟というより、これから結婚生活を営むにあたっての〝お願い事〟である。

きっと二人も、約束としてではなく、お願いとして相手に伝えたはずだ。

なぜなら、約束というものは人を縛る。そして時に苦しめる。

松山善三と高峰秀子は、決して他者に強いない。

私が二人の側にいた二十年余り、どちらも相手に対して「……してください」「……しないでください」という言い方をしたのを聞いたことがない。

だから単なる想像だが、六十年前、この二人が先の言葉の最後に付けた「ください」が、二人にとって最初で最後の「ください」だったと思う。

それ以後は、〝言わずもがな〟、暗黙の了解だったと、私は感じている。

互いの仕事に口出しをしない。

相手の時間を奪わない。

黙ってそれを実行していた。

高峰が松山の書斎に足を踏み入れなかったこともその表れである。何か用があっても、よほど緊急でない限り、書斎に内線電話をかけることも、もちろん階段を上がっていって「トントン」と書斎のドアをノックすること

手紙を見ているのだろうか、
仲むつまじい二人。

もなかった。「ご飯ですよ」と電話する時だけだった。

一度私は高峰に聞いたことがある。

「たとえば『乱れる』とか『恍惚の人』とか、かあちゃんが主演する映画の脚本を書く人が同じ屋根の下にいるわけだけど、そういう作品の脚本をとうちゃんが毎日書いている間、『今度はどんなストーリーになるの?』とか、『どこまで書けた?』『私の演る人はどんな人物?』なんて、聞いたことはない?」

高峰は言下に答えた、

「とんでもありません」

私達はプロですよ。

そう言われたような気がして、私は恥じた。

そして松山に、私はかつてこんなことを言われたことがある。

「愛情というのはね、相手が望むようにしてあげることなんだよ」

それは私が実母を亡くしたショックで精神のバランスを失い、ひたすら高峰を追い続けていた頃だった。

「もしかあちゃんに『今は会いたくない』と言われたら、そうしてあげることが本当の愛情だと僕は思うよ」

果たして当時の私が松山の言葉を心底理解できたかどうか定かではないが、その諄々《じゅんじゅん》とした語り口が、私の混乱した心に沁みとおっていく感覚だけは強く覚えている。

たぶん松山と高峰は、それを人が夫婦の間の〝約束〟と呼ぶなら、彼らはそれを、相手とではなく、自分自身と指きりをして、履行していくべく努力したのではないか。

だから互いに言葉には出さなくても、毎年三月二十六日には、高峰は必ず夕飯にいつもよりご馳走をこしらえ、松山はその日だけは必ず早く家に帰ってきた。

「おめでとう!」

そう言ってグラスを掲げて、毎年、結婚記念日を祝っていた二人の姿が、今も私の瞼に焼き付いている。

夫婦をめぐる10のキーワード

脚本の執筆にいそしむ夫のために、調べ物をする妻。

2
収入

夫婦ともに生業を持つ場合、妻のほうが夫より収入が多いと、往々にして悶着の種になる。

今では「主夫」という言葉が出現したように、妻が外で働き夫は家事をするというスタイルもあるようだが、松山も高峰も一九二〇年代に生まれた人間である。男が女を経済的に養うというのが常識だった。

だから本来なら、高峰秀子と松山善三の結婚生活は長続きしなかったはずだ。現に二人が結婚した時、週刊誌は「三か月で離婚する」と書きたてた。

二人の収入にはあまりに大きな開きがあったからだ。もちろん知名度にも。

要は「釣り合わぬ」と思われたのだ。

三十歳の新婦・高峰秀子は、結婚の半年前に封切られた主演映画「二十四の瞳」が爆発的なヒットを遂げ国民的映画になっていた。さらに婚約直後の「浮雲」でも、あらゆる女優賞を獲得して、文字通り日本映画の大スターだった。ギャラは二十代半ばで既に一本百万円。当時の最高のギャラである。

片や、新郎の松山善三は、木下恵介の助監督、しかもセカンド（当時の松竹の助監督はファーストからフォースまで四段階あった）になったばかりの二十九歳だった。

「高峰秀子の結婚相手は誰だって？」「マツヤマゼンゾウ？　誰だ、そいつ？」、新聞も婚約の記事を書くのに困ったほど無名だった。

月給は一万三千五百円。農家の納屋の二階を借りて農林省に勤める弟と同居、給料日に五目そばを食べるのが一番の贅沢という、赤貧洗うがごとき若者だったのだ。

格差どころではない。二人の年収は二桁違っていた。

だが前項で書いたように、その松山青年に、結婚した日、高峰は言ったのだ、

「私は今、人気スターとやらで映画会社がたくさん出演料をくれていますが、くれるお金はありがたくいただいて、二人でドンドン使っちゃいましょう。でも、女優商売なんてしょせん浮草稼業。やがて私が単なるお婆さんになった時は、あなたが働いて私を養ってください」

普通は無理だ。不可能だ。

そんなことを言われたって、妻の仕事の単価が高すぎる。どうやって養うのだ？

では、なぜ、松山善三は〝ヒモ〟にならず、この高峰の言葉を見事に実現し得たのか？

それは通常なら殆どあり得ない二つの理由からだった。

一つは、これが最もあり得ないことなのだが、高峰秀子は女優業が嫌いだった。できるだけ早くやめたかった。

多くの女優は仕事をやめられない。女優として有名になればなるほど、やめられない。チヤホヤされ注目を浴びる快感が忘れられないのだ。その上、金が儲かる。やめられるはずがない。その証拠に、大騒ぎをして引退した挙句、シレッとして復帰する芸能人が山ほどいる。だから山口百恵はえらい。

私は初めて高峰秀子に会った時、取材とは関係ない、こんなことを訊いた、

「高峰さんが結婚した時、松山先生はまだ貧乏な助監督だったわけですが、もっと自分に見合う人を、とは考えなかったのですか？」

今思えば、とても失礼な質問だ。

高峰はやや憤然として、低い声で答えた、

「見合う人だと思ったから結婚したんですよ」

機嫌を損ねたかなと思ったが、私は真意を伝えるべくなおも続けた、

「いえ、人柄ではなく、収入や名声という点で見合う人という意味です」

今度は毅然として、高峰は答えた、

「そんなものが何だっていうんです。人間が

良ければいいんです」

後年確信したが、この言葉は、高峰の価値観を象徴する言葉である。

さらに私は続けた、

「でもいい人っていうのは、芸能界では割を食うことが多いですよね」

すると高峰は急に腑に落ちた表情になって、

「そうね。そう言えば、うちの亭主も損ばかりしてるかもしれない」

その時、私は思ったのを覚えている。

この人は、私みたいな若造の意見も聞いてくれるんだな。

二人の結婚が幸せに長続きしたもう一つの理由。

それは松山善三という男が、尋常でないほど真面目で、働き者だったことである。

婚約会見の時に彼が吐いた言葉に、その一端が表れている。

「土方をしてでもこの人を養っていきます」

高峰はどんな思いでこの言葉を聞いただろう。

私は高峰にその瞬間の気持ちは聞いていないが、五十年後、こんな会話をしたことがある。

松山家の自家用車ジャガーを五年ごとに買い換えているというのを聞いてびっくりした私は、思わず高峰に言った、

「何てことを！　かあちゃん、そんな不経済なことしちゃいけませんッ」

すると高峰が胸を張るように言ったのだ、

「だってとうちゃんが、土方をしてでも一生この車に乗せてやるって言ったんだもん」

その時の嬉しそうな顔。

きっと婚約会見の時も、高峰は松山の発言を、同じ喜びを持って聞いていたはずだ。

松山は、婚約を発表した直後、松竹をやめた。助監督をやめて、もともと目指していた脚本の仕事に邁進したのだ。

結婚二年目に腎臓結核になってしまうほど、毎日寝る間も惜しんで勉強した。

「結婚した時、とうちゃんの脚には毛が一本もなかったの。だから聞いたの、『あなたの脚は昔からこんなにツルーンっとしてバナナみたいなの？』って。そしたら言ったよ、『いや、もともとは毛があるんだ。でもいつも木下先生のお下がりのズボンを穿いて撮影所を走り回っていたから、すね毛がズボンで擦り切れたんだ』って。木下先生から貰ったズボンってサッカー地でごわごわしてたからね。とうちゃんは嘘つきじゃなかったの。その証拠に、結婚してから一年間、それこそ机にへばりついて毎日脚本を書いていたら、フサフサ生えてきたよ！」

この時も高峰は本当に嬉しそうだった。

だが、たとえすね毛が擦り切れるほど働いても、腎臓結核になるほど勉強しても、映画一本百万円のギャラを取る妻の収入は、そう簡単には超えられない。

高峰は仕事を減らした。

そうできるほど、女優業に未練がなかった。

物心ついた時から「自分の性に合わない」と思っていたのだから。

結婚の直前に封切られた「浮雲」は現在でも日本映画の金字塔と言われる名作である。

「あれはやる気でやりましたよ」と本人が言った通り、結婚を控えた高峰は、出演が決まった時、「これを最後に引退しよう」と心密かに決めていた。

しかし夫が貧乏なので、引退できなかった。

ここが高峰らしいところなのだが、いくらやめたいと思っても、現実というものがある。

そこで、夫が脚本家として名を成していくのを確かめながら、徐々に仕事を減らしていったのだ。

「浮雲」以後、高峰は三十代の実に二十九本

の映画に出ているが、四十代では六本、五十代には四本の作品にしか出演していない。

いくら日本映画が衰退したとはいえ、高峰がオファーを全て受けていれば、その主演本数は現在の数倍になっていただろう。現に、私が知っているだけでも、これは最初、高峰に出演依頼が来たという映画が相当数ある。

もう素晴らしい映画になってヒットしているから公表してもよいと思うが、高峰秀子に最後に来た出演依頼は、「わが母の記」である。

私のファクシミリに依頼書が届いたからよく覚えている。もちろん高峰は断った。その時、高峰はとうに八十歳を過ぎていた。きっと生きていたら、樹木希林さんの演技を褒めただろう。『夢の女』のあの人、上手かったねぇ」と以前も評価していたから。

そして結果的に、松山は、結婚した時に高峰から言われた言葉を生涯かけて実行したのだが、私にはこんな風に言ったことがある。

「高峰が引退する頃、やっとどうにか僕の収入が追い付いた感じかな」

そしてこんなことも言った、

「四十代までは、僕は来る仕事は全部受けた」

私はかつて高峰に訊いたことがある、

「かあちゃんは結婚した時、とうちゃんが脚本家として成功すると思いましたか？」

高峰は即答した、

「そんなこと思わない。ものになるかもしれないし、全然ならないかもしれない。どうなるかなんて考えたことない。ただ、一所懸命にやる人だとは確信してましたよ」

人間が良ければいいんです。

初めて会った時、高峰が言った言葉通りである。

劣等感にさいなまれることなく松山善三が高峰秀子の夫たり得たことについて、松山は私に言った、

「それはひたすら高峰のおかげですよ。かあちゃんは人に劣等感を抱かせるような人じゃない。君ならわかるだろう？」

愛情だけでは結婚生活は続かない。霞を食べて生きるわけにはいかないのだ。

収入の格差という、松山・高峰夫婦を最も脅かすかもしれなかった障害を、二人は、現実的な互いの努力で乗り越えた。

そして「三か月で離婚」という大方の予想をはるかに裏切って、二人の結婚生活は、実に五十五年に及んだ、死が二人を別つまで。

随筆家・高峰秀子の、事実上最後となった原稿の全文を記す。

〈私は、青年松山善三と結婚したとき、彼に向かってこう言いました。

「私はいま、人気スターとやらで映画会社がたくさんの出演料をくれていますが、くれる金はありがたくいただいて、二人でドンドン使っちゃいましょう。でも、女優商売なんてしょせんは浮草稼業。やがて私が単なるお婆さんになったときは、あなたが働いて私を養ってください」

「ハイ。分りました」

以来、私たち夫婦は金銭に関わる話を一度もしたことがない。

そして、それから四十七年。半病人のマダラ呆けになったオバアの私を、これも老いたる猪に変貌した松山オジイは、脚本書きの収入で約束通り、私を養ってくれている。

小さな台所でお米をとぎながら、オバアはひとり呟いている。

「ボカァ、倖せだなぁ」ナーンチャッテ。〉

夫婦をめぐる10のキーワード

自宅リビングでくつろぐ二人を鏡が映し出す。

3
住居

結婚して、夫の家で暮らす妻、妻の住まいに移り住む夫、あるいは各々の実家で暮らす場合、新居を設ける夫婦、中には別居結婚という夫婦もいるかもしれない。

その形は違っても、夫婦にとって住居は重要だ。

言わば全く違う水質と流れの勢いと形態を持つ二本の川が、初めて合流する場所であり、その後、一本の川となって流れ始めねばならない出発点だからである。

そしてそれ以後は、夫婦の歩みの〝証言者〟ともなる。

高峰は五歳の時、養母によって北海道から東京に連れてこられて以後、一間のアパートから養母好みの豪邸を含めて、十数回引っ越した。

松山は神戸で生まれ、その後二歳から九歳まで千葉県の佐原で祖母と二人暮らしをしたのち、横浜の実家に呼び戻され、岩手医学専門学校に通った間は寮生活、無断で医専を中退して父親に勘当同然に縁を切られてからは、住居も職業も転々とした。

三十歳の高峰秀子と二十九歳の松山善三が結婚を決めた時、高峰は麻布の洋館に住み、松山は、松竹大船撮影所で助監督として働きながら、弟と横浜の農家の納屋の二階に住んでいた。

住まいにも、かなりの格差があった。

だが住まいは、住む人間の容れ物であるだけでなく、〝住まい方〟もっと言えば、生き方を表すものである。

リヤカー一杯の古本だけを持って麻布の〝高峰邸〟に越してきた二十九歳の青年は、夫として初めてその館に泊まった翌朝、驚いた。

お手伝いさんが朝食をのせた脚付きの盆を、恭しく二人のベッドまで運んできたのだ。

「僕は人にかしずかれた経験なんかないから、とても驚きましたよ」

しかも、朝食のメニューは焼きたてのトーストにベーコンエッグ、コーヒーというアメリカンスタイルだった。メザシをおかずに朝ご飯を食べて撮影所に出かけていた青年には、メニューはもちろん、ベッドで朝食をとるなどということは、まるで外国映画の世界だった。

「夕飯の時なんか、魚を焼くと、女中さんが大きな切り身のほうを私に出すのよ。だから

『これは松山のほうです』と置き直させたり。とにかく一事が万事、女中さん達は私を優先するの。それまでは私が女主人だったからね」

　当時の様子を高峰がそんな風に語ったことがある。

　トイレは水洗、風呂は洗い場のないバスタブ、食事は椅子とテーブル、寝るのはベッド……何から何まで西洋式だったのだ。松山の戸惑いぶりが目に浮かぶようだ。

　しかし妻は心優しい人だった。第一、夫を心から愛していた。

　独身時代、初めて二人が、高峰が贔屓にしていた銀座のフレンチレストランでデートした時、皿の両側に何本も並んだナイフやフォークを見て、松山青年は「あなたが先に食べてください。僕はあなたの真似をします」と言ったという。

「その時ね、なんて素直な人だろうと思った」

　高峰は微笑みながら、述懐した。

　二人が生活を共にするようになってからも、同じだった。

「百メートル走にたとえるなら、僕がスタートラインに立った時、高峰はもうゴールを切っていた。それほどの開きがあったんだよ。仕事だけじゃない。生活の仕方はもちろん、着物、焼き物、絵画……あらゆるものを教えてくれた。高峰は僕を育ててくれたんだ。妻であると同時に先生だった。だから僕は、高峰を愛しているというより、敬愛していると言ったほうが正確だと思う。女性としても素晴らしい人だしね」

　収入の格差だけでなく、生活様式の差についても、松山が高峰に対して一度も劣等感を抱かなかったのは、やはり、高峰の夫への思いやりと、松山の妻への敬愛ゆえだった。

　高峰と松山という、特殊な開きのある夫婦でさえ、その格差が障害とはならなかったのだ。

「そんな食べ方、やめてよ！」「君の味噌汁はお袋のと味が違う！」、みたいなことで喧嘩をする夫婦は、互いがもとは赤の他人だということを忘れたのだろうか。

　住んできた家も、その場所もそれぞれに違う松山と高峰が、一番互いの気持ちを合わせて建てた家は、現在の家である。

　住み込みのお手伝いさん三人と運転手さん

左2点／結婚当時の松山邸。この後3階建ての教会風建築に建て直し、1990年には家を縮小。

の所帯が別にあり、夫婦の家には応接間が三つ、窓枠には面取りがしてあるという、高峰の趣味と意匠を凝らした教会建築の邸は、壊した。

六十の坂を越えた時、二人は話し合って、家を〝縮小〟したのである。

お気に入りの家具、骨董、絵画、百ピースを超えるディナーセットをはじめとする食器、互いの洋服……ありとあらゆる家財を、処分した。二人合わせて百五十本近くあった映画賞のトロフィーも、捨てた。

〝終《つい》の住処《すみか》〟を作ったのである。

夫と妻の気持ちに少しでも齟齬《そご》があれば、できない大事業である。

「さっぱりしたね」

「うん、さっぱりした」

小さくした新しい家に、二人は心から満足したそうだ。

女優をしていた時は応接間が三つ必要だった。映画監督をしていた時は、来客も多かった。

だがこれから老いていく自分達にとって、どんな家が快適か——。

高峰と松山は、考え、話し合って、決めた。

多くは要らない、ただ老夫婦二人が生活するために必要な最小限の物だけを持とう。

価値観が違っていたら、できない。

その家も、建ててから既に四半世紀を経た。ほうぼうに傷みが出始め、修理が必要な個所も出てきた。松山と私だけの生活には、広すぎる。

だが、六十代初めに高峰と松山が建てたこの家が、私は好きだ。

そこには、父と母の、心がある。

そして、いたる所に、高峰の匂いがある。

幻のエッセイ2

二人の結婚生活について

高峰家から松山家へ五年の歳月がかかった

高峰秀子

『つづりかた巴里』1979年7月刊より

「なんじ、平山秀子は、神の制定によって、松山善三と神聖な婚姻を結び、神の教えに従って妻としての道を尽し、その病むときも、健やかなるときも、常にこれを愛し、これを慰さめ、これを重んじ、これを守り、固く節操を守ることを誓うや？」

　浜口牧師の、静かな宣誓に、震える声で「誓います」と答え、夢うつつにパイプオルガンの奏でるウェディング・マーチを聞いた、あの結婚の日から、早くも五年という月日が経ちました。この五年間は、天下国家にはなんの関係もありませんけれど、私という一人の女にとってはなかなかに忙しく、次から次へと生まれてはじめての経験が現れて、毎日が飛ぶように過ぎてゆきました。

　結婚したとき、私は麻布の家に、運転手さんと二人の女中さん、二匹の犬と二羽のカナリヤと一緒に住み、すでに一家の主人だったわけです。そこへ、松山善三という、眼の色は美しいけれど、いささか栄養失調気味で頬骨コツコツとやせ衰えた男が、唯一のお財産である蔵書をタクシーに積みこんで、お嫁入り、じゃなかった、お婿さんにやってきたのですから、家の中はてんやわんやの大さわぎになりました。とりあえず、二階の寝室のとなりの小さなゲストルームへ本を運びこみ、新居ならぬ古家で新婚生活を開始したのですが、なにしろ、ちゃんと主人がいるところへもう一人の男の主人？　が増えちまったのですから、みんながとまどうのもムリはありません。習慣とは恐ろしいもので、それまで私は「お嬢さん」と呼ばれていたのですが、これがどうしても「奥さん」になってくれない。松山には「旦那さん」といっても、私はいつまでたっても「お嬢さん」で、旦那さんとお嬢さんが夫婦みたいで、これでは困ります。食卓のお魚はどうしても大きい立派なほうが私の前にくるし、電話も「モシモシ、高峰さんですか？」だし、クリーニング屋も、そばやの出前持ちも「ヘイ、高峰さん、お待ちどう様」とくる。私が「これからは、この家は松山です」と、百万遍、口をスッパクしてくりかえしても、回りはただマゴマゴするばかりで、私自身も疲れ果ててしまいました。そこで私はとうとう単独で革命を起す決心をしました。人生には何遍か荒療治が必要なときがあります。私の場合でいえば、昭和二十五年まで新東宝の専属俳優だった私がフリーランサーのハシリとして独立をしたこと、それから、人気女優としての座をオッ放り出して半年間パリの片隅でしゃがんでいたこと、などで、他人様にとっては別にどうということもないことでも、私にとっては相当の荒療治であったのです。

荒療治といえば、私は結婚と同時に、家庭を七分、仕事は三分と割り切って、大幅に仕事を減らしました。ということは、私はもともと苦手な女優稼業を一生続ける気はなく、結婚は一生の大事業だと思っていたからです。いいえ、それよりも、結婚生活と女優は決して両立しない、ということが私には結婚をする前からよーく分っていたからなのです。女優という仕事は一見ハデにみえますが、そうナマやさしい仕事ではありません。結婚ウキウキ、仕事もカムカムなどという器用なことは、少なくとも私にはできません。五分五分でやれば、どっちも中途半端になってしまう、ということが分っていたからこそ、私は仕事を三分に減らしたのでした。話が横道にそれました。えーと、そんな事情が多々ありまして、私は三度目の荒療治にとりかかりました。たまたま、私が少女の頃に、これも十四歳で女中奉公にきてくれた「トヨさん」という人が、私の結婚とほとんど同時に良縁を得て結婚したのを機に、定年に達して、ちょっと眼と耳が弱くなった運転手さんにもやめてもらい、出入りのクリーニング屋さん、八百屋さん、乾物屋さんを他の店に代え、おまけに、戦後、英国人が建てたという我が家がオンボロの崩壊寸前になっていたのを、思い切ってブッこわして、新築をすることにしました。ここで先立つものの工面をしなくてはなりません。映画の出演料を前借し、土地を担保にして銀行から大枚を借りました。

結婚二年目には、松山があまりのガリ勉と、夜を日についでのシナリオ書きで、ついにダウンして腎臓結核になり、口述筆記という仕事が私にまわってきました。ああ、そうです。私のことばかり書きましたので、松山サンのこともちょっくら書きましょう。結婚した当時、松山サンの足、脛《すね》には一本の毛も生えていませんでした。男の脛は「毛脛」なんていう言葉もあるくらいで、たいていは毛が生えているものです。ノッペリツルン、とした松山サンの足は、私にとって、かなり気味の悪いものだったのです。それが、ガリ勉のために一年間机の前に座っていたら、ふしぎやふしぎ、フサフサ？　と毛が生えてきて、文字通りの「毛脛」になってしまったのです。松山サンの言葉によると、理由は簡単で、「いままで、ずっと助カントクをしていて、毎日走りまわっていたので、足の毛がズボンでスリ切れていただけサ」なのだそうで、私は「へーッ」とビックリしました。そういえば、撮影現場で私の観察した松山サンは、全くいつもマラソン選手のごとく走りまわっていて、かなりなモーレツ助監督だったようです。私もどちらかといえば、貧乏性というのか、いつもジッとしていられないタチですけれど、それを上まわる働きものの亭主にめぐり会えたことを、内心ホクホクと喜んでいます。結婚する前の記者会見で「ボクは土方をしてでも高峰サンを食べさせます」なんてタンカを切った彼ですが、こりゃ、もしかしたらホントかもネ、と、大いに期待しているところです。

石の上にも三年、といいますが、我が家がやっと高峰家から松山家になるまで五年の月日がかかりました。そしてこのごろでは私も「奥サン」と呼んでもらえるようになりました。

結婚五年めは「木婚」です。そこでサイフをはたいて、京都は柳の番場の「初瀬川」という漆器屋さんにお願いして、最上等の根ごろの菓子鉢を作っていただいて、結婚式に出席してくださった方々に贈りました。皆さんも、私たちと同じに五年、お年を召して(当り前だ)、なんとか五年保った私たちの結婚を喜んでくださいました。ケッ作だったのは、私の大好きだった文藝春秋社の池島信平さんからの、菓子鉢のお礼の手紙で、

「御結婚五年。おめでとう。そして、お祝いの立派な菓子鉢をありがとう。このお礼を書くために、僕は三回も書きなおしをして、ハラを立てました。というのは、お祝い、と書くつもりがどうしてもお税になっちまうのです。僕がいかに税金に悩まされているか、ということを、僕自身が知ってびっくりしたわけです。

なにはともあれ、おめでとう。お祝いします。　池島信平」

ということでした。

私たちも税金はちゃんと払っています。せっせと働いてはせっせと税金を払い、いったいなんのために働いて

いるのか、ワケが分らなくなることもありますけれど、でも、税金が払えるということは、それだけ働ける、ということなのですから、ありがたく思わなければいけないのかも知れません。

夫婦他人説を実践して十三年

高峰秀子

『つづりかた巴里』1979年7月刊より

私たちの結婚は、もう十年をかぞえました。一口に十年一昔といい、また十年一日のごとしといいますが、振りかえってみて、私にはその両方が実感というところです。ついこの間、「よく十年ももったね」と知人にいわれたとき私は「二人とも、そろって利口なのか、そろっていいかげんなのでしょう」と答えました。

はからずも私の口から飛びだした冗談は案外「真実」である、と私は一人になってからつくづく思いました。残念ながら、私たち夫婦は、というより女房である私は、決して利口な妻でもなければ才女でも良妻でもなく、どっちかといえば後者の「いいかげん」に近い女房らしい、と自分で認めているのです。

よく似たものの夫婦といいますが、私たちはその点、似ているといえば「食いしん坊」と「朝寝坊」のところくらいで、その他はまったくといってよいほど似ておりません。しかし、二人にとっては性格の相違の悩みなど感じるどころか、お互いのいうことを「へえ――」と感心したりビックリしたりしておもしろがっている状態なので、性格の相違はかえって長持ちの秘訣とでもいいたいようなものなのです。

たとえばつい先日のことでした。私は一通の脅迫状めいた手紙を受けとりました。その手紙の内容は、

「私の友人があなたの堕胎の事実を知っています。友人は金がいるのでその事実を週刊誌に売るといっていますが、結婚十年、なんの風波もなく幸福なあなたにとっては不利な結果になると思いますので、私の友人に十万円

貸してあげたらどうですか」

という幼稚な内容でした。私は「お善、こんなのがきたぞ、バカヤローめが」とエヘラエヘラ笑いながら松山に見せたところ、松山はやにわに眉をけわしくして真剣な表情になり「よし訴えてやる。これが証拠物件だ」と足音荒く自分の部屋に行き、机の引き出しにその手紙をしまってしまいました。

私は意外の成り行きに、大笑いした口をあわててつぼめたようなわけです。

私は生来ズボラなのか、いいかげんなのか、どこかトンチンカンな感覚派的性格ですし、松山は小さなことでもおろそかにせず、理路整然としてきちょうめんを絵にかいたような性格なのです。

そんな夫婦が、よくまあ食い違いながらも十年も生活を共にしてきたものだと思わないでもありませんが、キッチリ山の松山にしてみれば、自分のきちょうめんさに自分自身が息苦しくなって、私のような「イイカラカン」の女房に案外息ぬきを感じているのかもしれません。

松山にいわせると、私は小さいころからこの仕事に入ったので、学校も家庭の味も知らず、世の中のことにも無関心で、カケ算もできない、電車にも乗ったことがない、というできそこないの人間で、いうなれば言葉は悪いが片輪である、ということです。

私はギャフンとしながらもくやしいので「あーあ、お前サンはエライよ、西郷サンだよ」と歯をムキだすことくらいしかできません。

これはナイショの話ですが、そんなお利口な松山でも、羽田飛行場へ人を迎えにいったら、午前と午後をまちがえた、といってションボリ帰ってきたり、しゃれこんでパーティに出かけたら日をまちがえて明日であったり、もっとヒドいのは、銀座の真ん中で顔見知りの白川由美さんとバッタリ会ったとたんに「や、司さん、しばらく」などとまじめな顔でいったりするので、私は半分はいい気味だと思いながらも半分はあわてて、うしろからソッとおしりをつねったり上着をひっぱったりして、冷や汗のかきどおしなのです。

要するに、似たもの夫婦でなくとも本人の気持ち次第で結構やってゆけるのではないかということです。

もちろん、その場合、当り前のことですが、少なくとも結婚前よりは努力がいります。なんとなく十年たったというものの、そういう私も毎日のように「しまった」とか「やられた」とか思わない日はありません。それなら気の休まる日はなくてさぞつらいだろうと思われるかもしれませんが、根本的に相手を尊敬し認めていれば、それはかえって自分に対する刺激や励ましになるのですから苦にはなりません。

私はいつも、「夫婦他人説」という珍論をふりまわし

船上パーティーでダンス。タキシード姿の若い夫は、
ボーイさんに間違われたとか……。

ているのですが、これは決して冷たい意味での他人ということではなくて、おたがいに、違う場所で違う時間に生まれ、性格も違い、顔や姿も違い、もっと大きいのは男性と女性という違いを乗りこえて、たまたま夫婦という一対になって、一つ屋根の下で生活するようになった二人が、はじめから何から何までピッタリといって、メデタシメデタシというほうが、気味悪いくらいなものなので、愛してるとか愛してないとかいうよりも、「この人と一生つき合ってゆけるかどうか」という簡単な対人間的な問題だと思うのです。

つまり前にいったように、自分が相手を尊敬しているかいないか、が先決問題だと思うのです。もちろん、だれもが、初めはそうなのでしょう。初めはそうでも結婚して生活をしてみて、どうもうまくゆかない、という例もたくさんあります。

そんなこんなで、結婚に失敗する人も多いようですが、たとえ失敗をしても、その経験を踏み台にして、次のしあわせに役立たせるほどの勇気を持ってほしいと思います。

離婚という大事《だいじ》はもちろん女性にとって大きな傷にはちがいありませんが、それが人生の最後ではなく、これからも生きてゆく以上、その傷の処理は自分自身でしなければならないのですから、その傷に負けず、自分のためのコヤシに役立てるべきです。

私たちのまわりにも、その不幸を立派に乗り越えた人たちがたくさんいます。私はそういう人たちに心から拍手を送りたいと思います。結婚は人生のすべてではなくて、一人の人間が生きるその道程の中に「結婚」という大きな事業があるということなのです。

幸福と不幸は、ほんとうに紙一重です。不幸はいつも幸福をねたみ、幸福はいつも不幸におびえています。どっちに勝つか負けるかということは、その人間の意志と努力次第でしょう。「自分をきびしくみつめたい」それはいつも私の思っていることです。

このごろの若い女性は非常に聡明ですから、私がクドクドということなどは「みんなわかってるわ、気ニシナイ気ニシナイ」と笑いとばされるかもしれません。ただ、私の経験上からの一言をもう一度聞いてください。「結婚前にできるだけ人間としての勉強をつんでください。結婚は忙しいものですし、勉強は嫁入り道具より大切です」これが女房十年選手の私が、若いお嬢さんたちに贈る心からの言葉なのです。

結婚十七年 似た者夫婦になってきました

松山善三

『つづりかた巴里』1979年7月刊より

僕たちが結婚するころ、高峰はもう大スターだったし、僕は単なる助監督でしかなかった。二人の社会的な評価のされ方も違い、収入の面でも格段の相違があったわけです。私のほうはそのことをなんとも思わなかった……乗り越えたのは彼女のほうですから……高峰は努力もし、気もつかってきたでしょうね。

そのころ僕は脚本も書きたかったし、演出もしたかった。向学心に燃えていたというか……僕の書いた脚本で彼女に演じてほしいとか、自分が監督をして彼女を生かしたいとか考えましたね。まあ十何年して実現したわけだけれど。

ほかの人と比較にならないが、僕の場合今やっと、自分のいうことに自信を持って……自分のしようと思うことが自分の中から出てきた……というところにさしかかってきたところです。そういう意味では、僕の人生、僕の仕事はまだ始まったばかり。

結婚生活も、やっと固まりつつあるというところで、これからだと思っています。

僕と彼女とは、趣味、嗜好、性格など、すべて違うといっていいでしょうね。

妻はいい意味で潔癖、悪くいえば狭量ですが、この点だけはお互いに似てますよ。一つの物事に対して許容度が狭くて、それが合っていればいるほど、夫婦というものはうまくゆくんじゃないですか。

性格は、どちらかといえば高峰のほうが明るい、僕のほうが暗いという感じですが、トコトンつきつめてゆけば、僕のほうが陽性な考え方をする。その点高峰のほうが陰性で、あるときは陰惨ですらありますね。

高峰は今までの役柄とか、ザックバランな話し方とかで明るい性格に思われているらしいけど、本質は違うと思う。明るく努めているんじゃないでしょうか。

性格というものは後天的なものに左右されますから……。彼女の生きてきた歴史みたいなものが影を落とすのは、やむをえないでしょうね。小さいときもらわれてきた子で、芸能界にも自分の意志ではなくはいった。血を分けたきょうだいといっしょに暮らすこともなかったし、無条件の信頼感というものをいだいたことはなかったんじゃないでしょうか。その意味では孤独だったと思いますよ。

料理の好みも必ずしも一致してなかった。酒も、僕は好きだけど彼女は飲まなかった。けれど長い間いっしょにいるうちに、お互いに影響されたり、したりして、だんだん似てくるんですね。「似た者夫婦」になるんですよ。

結婚した当時、僕の友だちがワイワイ来てわれわれは飲んでいる。彼女は料理を運ぶか待ってるだけ。そんなのつまらないから仲間にはいりたくなる。そんなことから少しずつ飲むようになって……今、二人で毎晩飲んでます。一つには子どもがいないってこともあるでしょうが。

酒のさかなは人のわる口。

ストレス解消にはいちばんいいんですよ。うっ積したものをみんな吐き出してしまうから……。

人のわる口は、親、友人、きょうだいにしてはいけない、夫婦の間ならいいんです。何をいっても外に出ませんからね。

深夜ひそかに、夫婦でさしつ、さされつ……わる口いって、飲んで、食って寝る。健康に悪いなんていう人もいるけど、あんなことウソです。なんでもありゃあしません、よく眠れますよ。

彼女は料理をよくやりますね。味もイケます。しなければならない、という義務感ではうまくならないけれど、好きこそもののじょうずなれで、好きなんだと思いますよ。作ることも、食べることも。

なんでもそうですが、「この人のためにしてあげたい」とか、「この人の世話をするのが好き」とか、自然にそう思うのでなかったら長つづきしません。したくってする……することが本人の幸福……こういうのでなかったら、やってもらうほうもいやだし、するほうだっていやになっちゃいますよ。上達するどころか、重荷になって自分をダメにしてしまう。僕は彼女の料理を「うまい」「よくできた」なんて一度もいいませんね。だいたい十六、七年もいっしょにいればね、いわなくてもお互いにわかりますよ。亭主の食べっぷりを見ててわからないようだったらもうおしまい。いちいち言葉にしなきゃわからないのは、鈍感というんです。

結婚し、脚本を書くようになってから、僕は大病をしたことがありまして、一年くらい寝ていました。その間は脚本を全部口述筆記していたので、高峰が筆記してますと、役者ですからしゃべってみるわけです。そうすると、「このせりふはしゃべりにくい」とかいうわけですね。

僕にとって高峰秀子は大先輩ですから、彼女の意見は耳を傾けさせるものもあって、僕も納得すれば書き直す。そんなふうにしていると、お互いだんだん近寄ってくるわけです。僕の書いたせりふは高峰にとってしゃべりやすい、ということになる。逆に向こうがしゃべりやすいせりふを、僕が書くようになったのかもしれない。

生理感覚的にいえば、僕の持ってる脈搏《みゃくはく》と相手の持ってる脈搏が非常にピタッと合うと、お互いに好き合うことになるわけで、芝居でも映画でもそうですが、僕の書いた脚本に合った演技をしてくれる人は、僕にとっては演技のじょうずな人、ということになるんです。

僕が演出家になってからは、はじめから高峰にやらせようと思って書いたものもありますが、脚本を書くだけの場合には、特に高峰を意識して書くということはありませんね。女優を指名するのは演出家ですから……。高峰も僕が書いているのを自分がやりたいなどとは一度もいったことはありません。思ったことはあるかもしれないけれど、役者はそれをいわない、というのが高峰の信念のようです。

こんどの『恍惚の人』は、たまたま僕が脚本を書いていて、原作者の有吉さんが主演を高峰に、と指名されたものです。

今、撮影にはいっていますから、もう、彼女は常人じゃありませんね。僕は書いちゃったから仕事がすんじゃったけど。今は僕が女房の役で、出かけててもなるべく早く帰ってくるようにしたり、できるだけ彼女の負担を少なくしてやろうと努力してますよ。

高峰は骨董が好きだ、といわれているようですが、これは教えてくれた人がいるんですね。

「これとこれとどっちが美しいか」

「なぜこれが美しいと思うか」

そういって、いいもの悪いもの、美しいものとそうでないもの、美しいのはこのゆえに美しい、と教えてもらったらしいんです。十五、六のころにね。それで物を見る目ができてきたんでしょう。

人間はいろいろな芽……才能といってもいい……を持って生まれてくるわけだけれど、それをうまく生かしたり伸ばしたりしてくれる人がいないと、せっかくのものも死んでしまう。高峰の場合はその点、恵まれていたといえますね。そういう人が周囲にいたということが。そういう人にめぐりあったということ……。

人間は一生の間に何十人、何百人という人にめぐりあう。それは、だれかの引き合わせというか、大きな力がそうさせるのでしょう。

結婚だってそうです。僕は本来医者になるべき人間で医者の学校を出ている。それなのにどういう偶然か映画界にはいって、木下恵介監督の下で働くようになった。これもめぐりあい。そして高峰と知り合った。これもめぐりあいとしかいいようのない偶然の機会から……。

僕は人と人とのめぐりあいをたいせつにしたいと思うと同時に、超自然な力へのおそれを感じますね。そういうものを感じ、信じるようになると、いいかげんなことはできなくなるものです。

子どもは最初からとてもほしかったですね。

笑われるかもしれないけど、一つの生命が誕生する神秘というようなものを、科学的に医者に検査してもらってどうこういうのは避けてましたから……できればほしいけど、できなければしかたがない、と思っていました。高峰は自分のことを「生まず女《め》」なんて書いてますけどね、実際は二人して「おまえが悪いんだ」っていい合ってるんですよ。

子どもをもらうという話はよくしてます。一人じゃなく五、六人いっぺんにもらおうってね。中国人かなんか、アジア人がいいですね。青い目は何を考えているかわからないところがあるから。

「子どもがいたほうがいいな」って、ときどき話は出ますけど、お互いに深刻になることはありません。子どもがいないからって夫婦間に危機があった、なんていうこともない。

けんかというか、議論はよくしますよ。高峰はわりとガンコな人間ですから自分の説は曲げません。お互いにいい合って、決着点は見つけないで終わりです。

いつかあるとき、「ああ、あのときこういっていたのは、こういうことだったのか、あの人のほうがよかったのかな」と思うことだってあるでしょう。それでいいんですよ。

夫婦はいつも結論を出そうとする必要はないんで、いいかげんなところがないとつづきません。

中国の言葉だったと思うけれど、「無用の用」というのがありますが、ああいうことがいちばんたいせつだと思います。遊びがそう、日本の床の間がそう。必要ないっていえばないけど、それがあるためにゆとりが持てたり、心が休まったり……そういう無用の用をどっか残しておかないとね。

夫婦げんかでも問いつめていったらおしまいですよ。

こんど二人が『恍惚の人』の仕事をやったので、老後についてよく話をするようになりました。貯金があっても恍惚じゃいやだとか、こっちが先にああなったらこうしてくれとかいい合ってますよ。

有吉さんは主人公の嫁を思いやりのある人間に描かれているのがすばらしいと思いますが、人間のやさしさというものは思いやりですね。自分がこうしてほしい、ということを人にしてあげることでしょうね。

どんなに文明、医学が進歩しても、死とか老いとか病気とかは平等にやってくる。そのとき、その苦痛からの

映画人の夫婦らしいワンショット。

がれるには金でも地位でも名誉でもないでしょう。そばにいて、やさしい言葉をかけるとか、世話をするしかないわけ……これは思いやり以外にありませんから。

　そういうものがこの世の中に存在する、と信じられることがいちばんしあわせなんで、そういう人たちを周囲に持っているか、いないかが、しあわせの基準なんじゃないでしょうか。

　僕たちがお互いにどう呼ぶかですか？

　僕は「ヒデさん」ときどき「おヒデ」、向こうは……ええと、なんていったかなあ……そういうのが空気っていうんですよ。えー、ああそう「善三さん」って呼びます。

私たち夫婦は銀婚式を迎える

高峰秀子

『つづりかた巴里』1979年7月刊より

　今年の三月、私たち夫婦は二十五年の銀婚式を迎えた。ということは、今から二十五年前に結婚をしたわけで、ひどく長いようでもあり、アッという間に過ぎたような気もする。

　当時、夫・松山善三は月給一万三千五百円也の助監督、私は一番ギャラの高い人気女優だったから、この結婚、果して一年保つか、三年でおしまいかと賭けをしたふとどき者もいたらしい。二十五年間、私は結婚をネタに怠けに怠け、松山サンは病気になるほど頑張って、昨今は収入もあちらさんの方が上まわり、おかげで私は左ウチワでのんびりさせてもらっている。

　私はなぜか、少女のころから、三十歳になったらパッと結婚して、パッと映画女優をやめよう、と心に決めていた。もともと演技も苦手だったけれど、それよりも、映画女優の、ウソだらけの不自然な日常生活がイヤでしかたがなかったからである。

　当時、女優は、当人の好むと好まざるとにかかわらず、家ではタクワンに茶づけでも、外出のときはカッコをつけてエエベベを着、バスや地下鉄などには決して乗らず、オナラなんか生まれてから一度もしたことがないような顔をしていなければイケなかった。映画会社にいわせれば「スターは資本《もとで》をかけた売り物」で、映画ファンにとってのスターは常に「手の届かない高嶺の花」でなければイケなかった。だから、スターの結婚は映画会社のもっともおそれるところで、ほとんどタブーに近かった。結婚すれば、スターの人気は一夜のうちに下落する、と会社は信じて疑わなかったし、また実際にその通りであった。生意気盛りの私にいわせれば、「結婚をしてダメになるような俳優は、もともと実力が乏しいからでしょ？　演技と結婚はカンケイないでしょ？」だったけれど、なにをどうホザこうとも、スターは映画会社という置屋に縛られた芸妓みたいなもので、専属料という金で飼われている以上、俳優はいつもヘナヘナと弱く、会社はいつもガンガンと強かった。とにかく、私の場合は三十歳になればサラリーマンならもう定年、そこらへんのところで打ち止めの札をかかげて自分自身に戻り、脚本のセリフではなく、私自身のセリフを喋って生きたい、と願ったからである。結果は志とは大いに違って、三十歳どころか六十歳に近くなったいまでもダラダラと百面相稼業を続けていて、内心はほんとうに恥じているのだけれど、ひとつの仕事を何十年も続ければ、仕事の上の貸しや借り、義理や人情がからんできて、とくに「人手不足で」と頼まれれば枯木も山のなんとかじゃないけれど、おっとり刀で駆けつけなければならない場合もある。

結婚のほうは、二十五年たったけれど、奇蹟的にアキがこない。これはたぶん、私が三十歳という高年齢？で結婚したことと、女房業が意外と性に合っていたことと、夫になった松山善三という人間がいかに我慢強かったか、ということだろう。ほんとうのことをいうと、私は内心、これほどイイ人だとは期待していなかった。ときどきイイ人すぎてキザにみえたり、アホウにみえたりすることもないわけではないけれど、でも、ワルイ人よりイイ人のほうがいいから、私はありがたく結婚を続けさせていただいている。

私たち夫婦には子供がない。私が子供を産まなかった、いえ、産めなかったことは、子供好きの松山には最大の背信行為で、いまだに引けめを感じてビクビクしているけれど、子供のいない夫婦はやはりどこかがアブノーマルなのだ、と思う。子供がいないから蓄財もせず、気が向けばフラリと海外旅行などもできて、全く自由ではあるけれど、それだけに、子供のために、子供の将来のために、子供が成長したときのよき社会を作るために、などという、「親」としての責任感を感じることがまるっきりない。そういう点で、私たち夫婦は子供のある人から見ると、考えかたも生きかたも幼くて、常識に欠けるところがあるだろう、と思っている。私はもともと、子

まさに夫唱婦随。それは生涯変わらなかった。

供は生まれてもいいけれど生まれないほうがもっといい、と思っていた。自分という人間が、幼いころからヘンに苦労をしたし、ねじ曲りながら成長してからも、ケチで狭量で怠けもので、そういう自分を自分でも腹立たしくて怒ってばかりいるから、もし私そっくりの女の子でも生まれたら、私は親として育てる自信など絶対にない。私みたいな人間は、この世に一人でたくさん、ノーモア・サンキュウというのが私の本音である。

さて、結婚生活は我慢くらべだというけれど、ただ眼をムイて我慢していればいい、というものでもない。今日より明日、明日より明後日、と、たとえ一ミリずつでも努力を積み重ねて、自分たちだけの「歴史」を綴ってゆくことだと私は思っている。

当節は、わりに無造作な離婚も多いようだけれど、女性にとって、離婚の決心をすることは、やはり大きな勇気が要ることだろうと思う。もし、私がそういう立場に立ったとしたら、亭主がヤクザだろうが、バクチ好きだろうが、浮気男だろうが、そんなことは二の次で、口惜しいのは、そんなヤロウのために費やした時間と、その時間が積み上げた「歴史」がムダになった、という、自分自身への怒りと口惜しさだろう、と私は思う。ああ、この執念があればこそ「能」の名作『葵の上』は完成したのである。

銀婚式の感想を、ウダウダと書きつらねたけれど、どうやら私はただ「結婚の歴史」にしがみついているうちに、いつの間にか二十五年という歳月がたっていた、ということで、語るにおちる、とはこういうことをいうのだろう。

ともあれ、私たち夫婦もいよいよ我慢くらべの追い込みにかかるトシになった、ということで、「松山のオッサン、もうちいとの辛抱や、頼りにしてまっせ」と、心の中で手を合わせている。

夫婦をめぐる10のキーワード

この食卓風景も生涯変わらなかった。

4

食事

当たり前だが、食事は重要だ。まずは人間、食べないと生きていかれない。

特に夫婦にとっては大事だろう。妻が作るにしても夫が作るにしても、日々の食事は、自分以外の人間の生命を預かることと同じであり、大げさでなく愛情表現の一つだと思えるからである。

その点で言えば、高峰は完璧だった、と私が言うのも僭越だが、断言できる。

松山は偏食だ。中でも日本の食卓には必ずと言ってよいほど並ぶ漬物、梅干し、味噌がダメなのだ。「たくわんだけは食べないでください」と、結婚する時、高峰に言ったくらいである。

その上、未熟児で生まれ、少年時代は虚弱だった。

結婚してからは、旅行先のアメリカで巨大なハンバーガーにかぶりつこうとして顎を外し、高峰が冷蔵庫に作り置いていただし汁をグイとばかりに飲んで、「秀さん、この麦茶、腐ってる～」と叫んだり、自宅の階段を一気に背中で滑り下りてしまったり……、つまり少々そそっかしい人でもある。

私が見た晩年だけでも、高峰はそんな松山に出す食事に、細心の心配りをしていた。

大口を開けて食べない松山のために野菜は小さく切っていた。だから高峰の作るサラダは、サニーレタスもキュウリもトマトも、全て小さく切られていた。カレーライスのジャガイモやニンジンもサイコロほどの大きさだった。大根の煮つけも、分厚い輪切りではなく、それをさらに四分の一に切っていた。

肉ジャガのジャガイモぐらいではなかったろうか、ゴロッとしていたのは。

高峰は野菜を、実に丁寧に洗った。ホウレンソウ、小松菜、サニーレタス、サラダ菜……葉物は特に一枚一枚、流水で丹念に洗っていた。

「すごく丁寧に洗うんだね」

用もないのにいつも台所で高峰にまとわりついていた私は、小さな白い手でホウレンソウを洗っている高峰に言ったことがある。

「きれいなようでも、こうして洗うとやっぱり細かぁい砂やなんかが出るのよ」

見ると、水を受けていた白いボウルの底に、ほんの細かい砂粒や埃が溜まっていた。

だからサラダなど、松山は外では食べなかった。「汚い」と言って。

「かあちゃんがきれいに洗ってくれた生野菜でないと信用できない」、そうである。

既成の冷凍食品は一切使わなかった。

ご飯だけ、三合炊きの炊飯器で一度に炊いておいて、残った分を小分けにしてラップにくるみ冷凍していた。

食材選びも慎重だった。

一緒にスーパーマーケットに行くと、キュウリを子細に選んでいるので、「何を見てるの？」と聞くと、「キュウリはね、お尻のところを見るのよ。新鮮かどうかわかるから」と。魚の切り身も子細に選んでいた。

キュウリのお尻がどうなっていたら新しいのか、切り身のどこを見ていたのか、なぜ高峰に聞いておかなかったのかと、今は悔いる。

とにかく、料理が上手かった。

高峰の自著『台所のオーケストラ』や『高峰秀子のレシピ』を読んでもらえばわかるが、作れるメニューも百は超えていた。

そして、栄養士かと思うほど、バランスの良い食事を作ってくれた。

漬物が嫌いな松山のために、「これがうちの漬物なの」と、お手製の浅漬けを作った。薄く切った大根とキュウリに粗塩をまぶしてしばらく置き、馴染んだところで水でよく塩を洗い落とし、固く絞る。そこへミョウガや大葉のみじん切りを混ぜるのだ。

あの爽やかな味は、忘れられない。

食卓には必ず野菜を使った料理が並び、高齢になってからは作る品数が減ったとはいえ、いつも三、四品はおかずが並んだ。

私達三人の間で何かいいことがあった時、必ず作ってくれた卵焼きは、文字通り絶品だった。

「卵、焼いてやろうか？」

何かで私がしょげていると、私が高峰の卵焼きを大好きだと知っていて、励ますように作ってくれた。

高峰の料理は、本当の家庭料理だった。

そしてその料理を一緒に食べる時間が、一日のうちで、松山と高峰の唯一と言える憩いの時だった。

松山は外で人に会う用事がない限り、自宅の書斎で脚本を書いたり資料を調べたりしていた。その間、高峰はベッドで本を読む。

「読書って趣味がなかったら、私には他に何の趣味もないから、とうちゃんが書斎で仕事をしている間、ボンヤリ庭でも見てなきゃいけなかったよ」

高峰が笑ったことがある。

食事は、何を食べるかはもちろん、誰と食べるかも大事なことだ。

かつて日本の家庭では、家族が揃って卓袱《ちゃぶ》台《だい》を囲み、朝晩、ご飯を食べた。それが当たり前だった。

そこで食べていたものは現在のそれより粗末だったと思う。しかし、その食卓を囲む人々は、今よりずっと豊かだったのではないか。

自分が心を寄せる人が作ってくれたものを、その人と共に食べる。

これ以上の贅沢があるだろうか。

高峰は五十五年、松山に食事を作り続け、松山は五十五年、高峰と共にそれを食べた。

今日あったこと、読んだ本のこと、出逢った人のこと、思うこと……日常の些細なことを、大切な人と手作りの料理を食べながら語り合うことは、他の何より、夫婦にとって大事なことなのではないだろうか。

高峰の台所仕事については、次の松山の言葉が総括している。

「うちのかあちゃんは、ノロいけど速いんだよね」

「かあちゃんは結婚して五十年、皿一枚割ったことがないよ」

「美味い！」

高峰が台所で物音を立てたのを、私は聞いたことがない。

何もしていないのではないかと思うほど、静かだった。鍋や食器をガチャガチャいわせたり、何かを落っことしたり、ましてや器を割ったことなど、ない。

急がず慌てず、ゆっくりだが、丁寧に確実に作業をする。つまり結果的に、速いのだ。

料理が出来上がった時には、使ったボウルやザル、オタマ、菜箸……全部片付いていた。

毎日作る。必ず作る。これは大変なことである。

「若いピチピチしたのに目移りしたらいけないから、美味しい料理でつなぎ止めておくのだ」

おどけたようにそんな一文を、高峰がエッセイの中に書いているのを、私はまだ高峰に出逢うずっと前、二十代の初めに読んだ。

へぇ、大女優の高峰秀子さんでも一つ年下の旦那さんのことがそんなに心配なのかな。

その時はそう思った。

そして二十年後。

ある日、高峰がカボチャを切ろうとしていた。手が小さいから果物ナイフほどの包丁を南瓜に当てて、その上から一所懸命、木槌でコンコンと叩いている。

「とうちゃんに切ってもらえばいいじゃん」

私は言った。

すると高峰が、なおも懸命に南瓜と格闘しながら、言ったのだ、

「お宝亭主にそんなことはさせられません」

あの時読んだエッセイの一文。

あれはおどけて書いたのではない。たった一歳年下であるだけの夫を、高峰は本当にそんな風に想っていたのだ。


私は高峰の細い両肩を見ながら、急に涙が出そうになった。

「私がやるよ」

そう言ったが、

「いいえ」

高峰はやらせてくれなかった。

最後まで、病院に入る最後まで、遂に、高峰は誰にも台所を任せなかった。

自分一人で台所仕事をやり通した。


今、私がうっかりして大き目に切ってしまったジャガイモを、松山は箸で小さく切って食べてくれる。

「明美はダメだねぇ。とうちゃんにはもっと小さく切ってあげなきゃ」

高峰の声が聞こえるようだ。

「病気のデパート」と呼ばれた松山は、今年、高峰より一歳年上の夫になった。

右2点／台所に立ち、お茶を淹れる。すべて自分でやる。手を抜かない。

夫婦をめぐる10のキーワード

松山家の墓参りで、姪と。

5

子供

松山と高峰には子供がなかった。

私が養女になったので、正確に言えば、子供は生まれなかった。

高峰は子供について次のように書いている、

〈結婚した当時、私は子供が生まれるのを真実恐れていた。これは、三つ子の魂なんとかというけれど、私自身が四歳の時から働いて、子供心にも苦労の連続だったことが深く原因しているらしい。子供なんてものは徒《あだ》やおろそかに生むものではなく、もし、私のようなコマシャクれた子供が生まれたら、私はとうてい育てる自信などなかったからである。

そんな私の気も知らぬ夫は言った。「男の子が九人生まれるといいな、そしたら野球のチームを作って、ボクは監督になるんだ」

私は驚いた。もしかしたらそのときのショックで九人どころか一匹も生まれなくなってしまったのかもしれない。子供を生めなかったことは、子供の好きな夫に対して、私の唯一の背信であった、と、私は心から申しわけなく思っている。しかし私自身は、このごろのすさまじいガキ供をみるにつけ、「子供がなくてよかった」と、安堵の胸をなで下ろしている。〉

松山の記述では、

〈二人の間に子供ができないと分かった時、僕たちは互いに話し合った。よそから子供をもらいましょうと。僕は即座に賛成した。〉

これら二つの文章は、一九七八年に刊行された高峰の著書『いっぴきの虫』に掲載されたものだ。この時、高峰は五十四歳だった。もちろん私はまだ高峰と出逢ってはいない。

それから十余年、私は高峰の知遇を得て、その後、何度か高峰が「子供は嫌い」と口にするのを聞いた。

しかし親しくなって五年ほど経った時だったろうか、ふと高峰が漏らした言葉に、私は強い衝撃を受けた。

「香港の病院で検査してもらったの。私が麻酔から覚めたら、医者が言った、『あなたは子供が産めません』って」

何と応えていいかわからず、私は黙った。

いつ検査してもらったのか、その時、高峰

がどう感じたのか、何も聞かなかった。聞いてはいけないような気がした。

高峰は「子供は嫌い」と言いながらも、授かるものであれば産みたいと考えていたのではないだろうか。そうでなければ、検査などしてもらうはずがない。高峰は大の病院嫌いだ。それを押してまで検査してもらったのだ。日本の病院でなく国外だったというのも、用心深い高峰らしい。

高峰の言葉に衝撃を受けながらも、私は瞬間的にそのようなことを考えたのを今も覚えている。

「とうちゃんはうちの長男だね」

高峰の言葉である。

地方へ仕事に行く時には、必ず「弁当を作ってくれ」と言って、高峰お手製の何段重ねの弁当を列車の中で嬉しそうに食べていた松山。「ボタンが取れちゃった。付けてよ」、「今忙しいから、後で」「今ぁ」、そうやって、ボタン付けを妻に催促していた松山。そんな夫の小さなわがままを、面倒臭いという顔をしながら、一方で可愛くて仕方がないと思っていた、と私は思う。

松山は言った、

「高峰はね、僕にとって妻であり母であり、姉であり妹であり娘であり、そして先生なんだ」

〝子は鎹《かすがい》〟という言葉があるが、では、子供のいない夫婦は互いをつなぎ止める鎹がないのか。

そうでないことは、子供を持たない多くの夫婦が証明している。

「バタバタ走りまわる子供の足音が聞こえるのが家庭だ。うちは家庭じゃない、巣だ」

昔、松山が言った言葉を高峰は気にしていた。私という薹《とう》が立った子供が加わった二人の晩年が、果たして「家庭」だったのかどうか、私にはわからない。

だが、高峰が私にしてくれたこと、そして松山がしてくれたこと、それは明らかに〝親〟の行いであり、愛情だった。

「私は子供が嫌い」、高峰が言った言葉を、未だに私は信じていない。

教会建築の家にしてまもない頃。3階の窓から。

夫婦をめぐる10のキーワード

飼い犬のボーダー・コリーと戯れる。1957年頃。

6

喧嘩

喧嘩

「かあちゃんは、とうちゃんと喧嘩したことある？」

　ある時、高峰に訊いた。

「ないね。とうちゃんは紳士だから、私がカリカリしても喧嘩にならないの」

　結婚してから二人は夫婦喧嘩をしたことがなかった。

　私が二人の生活に加わるまでは。

　本当に申しわけないことだが、私のことが原因で、二人は一度だけ喧嘩している。

　十六年前。私の実母が過酷な闘病の末、六十歳で死んだあと、私は以前に松山から分けてもらっていた導眠剤を飲んだ。二錠だけだから、もちろん死のうなどと思ったわけではない。ただ何もかも忘れて眠りたかった。だが友人が心配して深夜、松山に電話した。その夜は大変なことになったのだが、詳細は拙著『高峰秀子の捨てられない荷物』に書いているし、ここではあまりに長くなるので割愛する。

　その翌日、松山から電話が入った。

「かあちゃんがどれほど心配していたか、わかってるのか！　『秀さんが甘やかすからこんなことになるんだッ』、『あなたが優しくするからいけないんです！』。僕達は今まで一度も喧嘩したことがなかった。君のために、初めて夫婦喧嘩をしたよ」

　どうしよう……。

「ごめんなさい」

　消え入るように私は言った。

　その時、松山の電話の向こうで小さく人声がしているのに気付いた。どうやら自宅からではないらしい。

「とうちゃん、今どこにいるの？」

「ホテルオークラだ。クサクサするから家を出てきた。今日はここで仕事する」

「えッ、家を出た？　もう家に入れてもらえないの？」

　私は驚いて訊いた。

「バカを言いなさいッ。夕方になったら帰るに決まってるじゃないか。人のことを心配するより、反省しなさい！」

　私のようなバカ者が登場しなければ、二人は喧嘩などせずにすんだのだ。

　そしてもう一つ。これは喧嘩というより、高峰だけが怒った、先の一件より深刻ではなく少し微笑ましいというか、いや、本当は私に微笑む資格などないのだが。

先の事件から二年ほど経った夏、「もう今回は来なくていいよ」と高峰に言われたのに、私はまた二人がいるハワイに行った。

誰にも会わず、ホノルルで松山と静かに過ごしたい高峰は、やはり機嫌が良くなかった。

「昼は、明美にはハンバーガーでも買ってきて食べさせます」

ホノルルの松山家の居間で、高峰が松山に言った。

すると松山が、

「そんなの可哀そうじゃないか」

と、その時だ。

高峰が予想だにしない反応を示したのだ。

「何が可哀そうなんです！　じゃ、善三さんがどこかレストランでも連れてってやればいいでしょッ。それで、もう帰ってこなくていいわよ！」

キャ～～。私は心の中で悲鳴を上げた。

そんな高峰を見たのは初めてだった。

「あの、いいよ。あの、私は、ハンバーガーがいい。ね、とうちゃん、そうするよ、私。ハンバーガー好きだし。ね、かあちゃん、ハンバーガー買ってくるよ」

懸命に二人を、というより高峰をなだめようとした。

「何言ってるんだ、秀さん。外で食べるんなら、三人で行こうよ。いつもそうじゃないか」

松山が言った。

高峰は、急にすねた子供のような顔になり、そして小さく頷いた。

よかったぁ……。私は大きく頷いた。

それにしても、この時の高峰の反応は、私にとってまさに驚天動地だった。

今でも高峰の、叫ぶような強い声音が、ハッキリ耳に残っている。

決して感情的にならず、常に冷静で穏やかな人が、松山に正面から気持ちをぶつけたのだ。

だが腰を抜かしそうになりながらも、私は確信した。高峰がどれほど松山を好いているか、大事に想っているか。

たとえ相手が私のようなガキンチョでも、たとえそれが些細なテーマであっても、松山が自分以外の〝女〟の肩を持つ、それが、高峰にとっては耐えがたいことだったのだ。松山にはいつも自分の味方でいてほしいのだ。

そう悟った時、私はもっと高峰が好きにな

外出前、文鳥と遊ぶ。

った。完全無欠ではない、一人の生身の女性として、夫にヤキモチを焼く高峰を、愛おしくさえ思ったのを覚えている。

もし高峰が生きていても、「あれはヤキモチだった」とは、絶対に認めないだろう。だが、あれは明らかにヤキモチだった。

後年、松山は私にこんなことを言ったことがある。

「かあちゃんは、本当はすごいヤキモチ焼きなんだよ」

「ホント!?」

松山がそんなことを言うのが意外だった。

「うん。女優さんが僕に脚本を書いてくれって言ってくると、口には出さないけど、内心でおもしろくないと思ってるのがわかるよ」

高峰にとって松山は、誰よりもはるかに、高峰自分自身より、高峰が大事に思っている存在なのだ。

それだけでなく、たった一本のセイフティラインなのだ。

高峰には友達もいない、血縁ともとうに縁を切っている。普通の人間が持つ、家族、親類、友人、仕事仲間という放射線状の人間関係が、一切なかった。夫・松山善三、その人だけが、彼女が世の中で持つ唯一無二の、本当の意味での人間関係だったのである。

「友達なんか要りません！」

私が友人と気まずくなったことを相談した時、高峰は言い切った。

その迫力ある言葉に私は、たじろいだ。

だが一方で、高峰はとても柔らかな表情で、言ったことがある。

「とうちゃんと別れてしまおうと思ったことはない？」と、私が訊いた時だ。

「ないね」

即答したあと、言ったのだ、

「もし喧嘩しても、最終的にこの人と一緒にいたいかいたくないか、それを考えれば、喧嘩は終わるよ」

修羅の半生を生きてきた高峰の、悪魔のごとき冷徹さと、そして夫を想う天使のような優しさと、そのどちらをも、私はこの上なく愛している。

幻のエッセイ 3

夫婦の愛情について

人気夫婦の七年目の会話

松山・高峰夫妻の愛情論と打算論

「週刊新潮」1961年1月9日号より

昭和三十年三月に結婚してから、あしかけ七年――ふつうの夫婦なら、「七年目のウワ気」の一つや二つ、とまでいかなくとも、お互いに倦怠期を味わいはじめ、いささかうんざりしているところだが、松山善三氏と高峰秀子さんの仲は、ますます円満。国内ばかりでなく、国外にまで有名だという。「それが少しヘンだ。何かあるのではないか」という人もいるのだが――

松山氏（以下敬称略）「国外というのは、ゴシップですよ。ロサンゼルスで映画人の集まりがあったとき、君（高峰さんに向かって）の隣にすわったグレン・フォードが、『仲がいい』といった。それがひろまったのです」

高峰さん（以下敬称略）「ニューヨークで私が善三さんを先に車に乗せた。日本でなら当たり前のことだけど、それで『世界一幸福な男性』ということになってしまったのね」

松山「ゴシップには警戒しています。仲がよすぎるようにとられているのも、そのためだ。家の中では、ふつうの夫婦ですよ。安心していられるのは、家の中だけだからな」

高峰「それに、ふつうの夫婦のようでは、他人は満足しないということもあるでしょう」

松山「だから、家に出入りしている人は、とても面白い夫婦だといっている」

高峰「女中さんがいっていたけど、夫婦のようではなく、仲のよい兄妹のようだって。（松山氏に）たしかに、私たちの結婚生活って変わっていない？　なんだか、生まれてから、ずっと一しょにいたみたい」

松山「映画人同士は結婚できないというのが、映画界のジンクスだ。しかし、ぼくらの場合は違う。結婚後、ぼくが家にいて、妻が出かける。ふつうの家庭の逆だが、ぼくは妻がどこで何をしているか、手にとるようにわかる」

高峰「きょうはアフレコ（事後録音）だといえば、アフレコはどこであって、いかに時間のかかるものであるか、機械がこわれたりすると、夜になることまでわかってい

る」

松山「それに、のべつ電話をする。仲がいいのではなく、仕事の面からも必要なのです」

高峰「（松山氏に）でもね、奥さんがスターでファンにとりまかれ、サイン攻めにあったりしているのを、横で亭主が見ているの、やはり、まずいらしいね。片一方がハイヤーで、片一方がバスということもある」

松山「（高峰さんに）ぼくだって、君と結婚した当時は、名もない一介の脚本家だった」

高峰「ミスター高峰だったわね」

松山「それに耐える努力をしたよ。その必要もないほど何も感じないのは、よほどのバカだと思う」

高峰「私も不愉快だし、三歩下がって歩くようになった」

松山「そういえば、ぼくたちの結婚がいつまでもつか、賭けた人がたくさんいたね」

高峰「三年も、もたないといったのがいた」

松山「結婚式に出席した有名なジャーナリストだ」

高峰秀子さんは、当時『二十四の瞳』『浮雲』をとり、人気絶頂の大スター。松山氏は、まだ木下恵介監督のセカンドで、一本立ちではなかった。高峰さんの出演料が一本二百五十万。松山さんは、せいぜい月収一万四、五千円のサラリーマンだ。賭けに敗れたのは、有名なジャーナリストだけではないだろう。

結婚前、高峰さんは大映の川口松太郎氏を訪れ、松山氏に一本シナリオを書かせてくれと頼んだ。女の虚栄からというより、結婚のための冷静な計算である。

しかし、結婚すると、彼女は松山氏の一さいの仕事から手を引いた。木下恵介氏が松山氏と仕事の話をはじめると、彼女はつと席を立ったという。

結婚の翌年、松山氏は「ジン臓結核」にかかった。妻に負けまいとしてした勉強がたたったのである。高峰さんは、それまで、つとめて人目を避けて暮らしていたが、夫が入院すると、彼の好物を求めて、なりふりかまわず東京中を走りまわった。賭けの勝敗は、すでに、このとき決まっていたといえるであろう。

高峰「善三さんが結核で、赤ん坊ができなくなるといわ

れたとき、私は何とも思わなかった。たとえばサ、彼が傷病兵で不能だとしても、私は結婚したでしょう。（松山氏に）私たちの結婚って、カラッとしているわね。今でもカラッとしているけれど、五十歳か六十歳になって、どちらも不能になったら、もっとカラッとしていて楽しいと思う」

松山「つまり、結婚とは、男と女の肉体的な結合ではなく、男の生活と女の生活のすべてを一しょにすることだ。むろん、愛情がなければいけない。そうでなければ、一しょになることはできない。結婚してから、もっと愛するようになったというのはヘンだと思うね。いわば、愛情は、結婚生活の尖兵だ」

高峰「（松山氏に、おどけた調子で）私はもっと打算的だな。なかなかいい男だと思って結婚しちゃった。（少しこわばった表情になり）三十年の女優としての実績が、これでぺシャンコになるかどうか、天ビンにかけてみた。正面きっていわなくても、女の場合、だれだってそういう打算はあると思う。しかも、結婚したとき、私の評判は絶頂だった。だけどね、私は善三さんなら、その三十年を捨ててもよいと思った。愛情という言葉はイヤだな。気持ちが悪い」

松山「つまり、ぼくに食わせてもらおうと思ったんだ」

高峰「私は、長い間、仕事をしていて、だれかによっかかりたくなった。なにしろ、六つのときから女優だったでしょう。もう、限度だった。疲れちゃって、ひと休みしようと思ったら、甘えて安心できるような人が欲しくなった」

松山「ひと休み結婚というわけだ」

高峰「それには、空気のような、お米のような男が欲しかった。よほどいい人でないといけないと思った。人間って、だれだってそういう気持ちになることがあるでしょう。女優生活三十年。自分の演技者としての限界もわかったような気がしたら、何かホッとして、疲れて、急にあじけなくなった。善三さんと結婚し、三十年で自分の人生をくぎっても、ちっとも悔いがなかった」

自宅でくつろぐひととき。夫を見つめるまなざしは、いつも優しい。

夫婦に愛の演技はいるか

高峰秀子

『つづりかた巴里』1979年7月刊より

「夫婦の間に演出は必要か?」とたずねられれば、私の答えはただの一言、「ノー」である。日本語でいうならば、「ちゃんちゃらおかしくって」ということになりますか。

だって、そうでしょう? 夫婦生活は映画でも芝居でもありません。そりゃ結婚は男女の半永久的な一大事業でもあり、結婚後、少なくとも何年、何十年もかかる人生の大河ドラマではあるけれど、今日から明日、そして明後日、はては来年、十年さき、三十年さき、と溜息の出るほど長い年月の毎日の積み重ねを、かの有名なローレンス・オリヴィエとヴィヴィアン・リイのごとき名優夫婦ならいざ知らず、夫が妻を、妻が夫を演技によってコロリとだますなどという、そんなおこがましいことができるはずがない。「演出」のあるところには必然的に「演技」がともなうのが定石で、どこの夫婦も打てば響き、ツーといえばカーという具合にゆくものだろうか? 笛吹けど踊らず、では名演出もいっこうにイミがない。

ところで、「夫婦の間に必要な演出」とはどういうことなのか、と考えてみても、私には分るような気がして実はちっとも分らないのです。それにしても、まあ、一億性教育時代とか、ワイセツ時代とかやらで、「あなたの演出で夫を変えよう」「愛のベッドを演出で……」なんて、つぎからつぎへとハゲしい文句のハンランで、戦前からの生き残りの古人間にはとてもついてゆけません。

いかに商売とはいいながら、大学出の男一匹が、どんな顔をしてこんな文句をひねり出し、文章をデッチあげるんだろう、「少しオカシイんじゃないかしら」とその顔みれば、「どういたしまして」あまり顔色は冴えないけれど、なかなかの美男子で分別もあり、おっしゃることももっともでマジメ、家には女房、子供もあり、こっちも道楽で雑文書いてるわけでなし、なんとなく他人ごとでなくなって、「夫婦の間に演出は必要か?」などというテーマを思わず引き受け、あとで「しまった、困った」と後悔しても、もう遅い。

頼んだほうも頼まれたほうも浮かぬ顔して右と左に別れたものの、いまごろ彼もだんだん不機嫌になってきて食欲もなく、ビヤホールのはしごなどして、馬のごときオシッコと共にそこはかとなき屈辱感なども押し流し、あれもこれもすべて生活のためとわが心に納得させて、ようやく我が家の玄関を開けたとたんにアララのラ。

我と我がペンが播き続けたタネどもが、幸か不幸か芽をふいたか、古女房のいでたちが昨夜のそれとは打って変ってバーゲンセールのスケスケネグリジェに大ヘンシン、ヘンに色っぽくお出迎え、とあっては、さぞや亭主はビックリを通りこしてガックリくるだろう。他人からみれば格好のマンガでこっけいだけれど、まったく「男はつらいヨ」の一幕である。

そういう私にしてみても、「夫婦の間に演出は必要か」などといわれて、即、イメージがセックスやポルノに走るなんていうのも、すでに相当イカれている証拠であり、あわててマジメにUターンしようと頑張ってもなかなか切り替えがきかない。

有吉佐和子女史が『恍惚の人』を書いたとき、どこかの早トチリに「珍しいですね、今度はポルノですか」といわれてアタマにきたなんていう話を思い出したりしながら、うつうつとしてまとまらないことおびただしい。

私たちの国、日本国では、マスコミの大半は男性の手の内に握られている。男が企画し、男が書いて、男が喋るすべてのことを、「女がありがたく信用し、共鳴などはしていないのだ」くらいのことは、男性は百も承知の上なのだろう。男が想像し、男が興味を持ち、男が好んで頭上に乗せる女は、いつもバカか欲ばりか、露出症か色情狂で、まともな女がめったに現れないのは、どうしてなのだろう。ヒドイじゃないの。

たとえば、あるところにあさはかにしてヒマ持てあます女《おみな》ありき、として、「夫婦の間には演出が必要なんですって……」とばかりに、とつぜん寝室の電気スタンドのシェイドを紫色に変え、シーツにオーデコロンをふりまいて、ピンクのスケスケネグリジェをひらめかせて、「ウッフン」と夫にしなだれかかったとしたら、夫たるものただちに発情して、「ウシシ」と女房に抱きつくものなのだろうか。「おお、ヤダヤダ」私は男がそこまで単細胞のスケベエだなんて信じられないし、信じたくもない。

戦後、強くなったのは「女と靴下」などと、どうせこんな言葉を流行らせたのも男なのだろうが、最近、こっそりと私の耳もとへ口をよせて「実はねえ、男が弱くなったんですな」とささやいた男性がいる。

男というものは女よりも見栄っぱりでウヌボレが強いから、とうに女に分っていることでも、自分たちの弱点はなかなか告白しない。

その点私は、「このひと、ちかごろ珍しく男らしい人だ」とニッコリし、こちらも素直にうなずいてみせた。

男らしい、といってもテレビのCMではあるまいし、ただ汗かいて野原を駆けまわっているヒゲ面が男らしいとは思わないけれど、それならどんな男が男らしいか？と聞かれても、女としては即座に返答が浮かばないほど、いまや、「男らしさ」は女には遠い存在となってしまった。「無理が通れば道理がひっこむ」のことわりではないけれど、世の女たちは、決して弱くなった男性を女だてらにブンなぐったりはしない。それどころか、女には昔ながらの「母性本能」とでもいうのか、「出来の悪い子ほどいとしくって」という性質をもっている。「せまい日本、そんなに急いで、どこへ行く」のか知らないけれど、まるで旧大日本帝国の歩兵よろしくアゴ出して、ドタドタ、セカセカと歩きまわり、果ては「夫婦の間に演出は必要か？　なんてので一丁ゆこうや」などといい出す男にまで、女は決して「バッカヤロ」なんてはしたない言葉を浴びせたりはしないのだ。

考えてみれば、そこまでいたわられている男性というのはいったい幸福なのか不幸なのかわからないけれど、男はとにかく女をいたぶることによって辛うじて「男性」を誇示することにヤッキである。なに？　「女房なんて、三食ヒルネつきでいいご身分」だって？　ああ、なんという貧しくも男らしくないこのいいぐさよ……けれど、まあ、いいでしょう。

たしかに以前にくらべれば、家庭における女房の家事労働は少なくなって、女にも多少は「自分の時間」が持てるようになったことは間違いはありません。

だからといって、世の女房たちがなべて美容院や歯医者で週刊誌のポルノ小説などを読みあさり、買物のゆきかえりには優雅にパチンコを楽しみ、「女性ばかりの食べあるき会」に参加して、折角のヘソクリを我がウエストの囲りに脂肪のかたまりとして蓄積することにのみ時間を使っているかといえば、同性としては断固否定はしにくいところもあるけれど、まあ、しょせん女のすることなんかには限度があって、男にヤキモチを焼かれるほどのことなどできっこないのである。

それどころか、女房というものはヒマがあればあるだけ、四六時中、亭主のことが気にかかり、たとえヒルネをしていても、蛇のようにカマ首をもたげてじいっと夫をみつめているものなのである。

そうです、男が弱くなったなんてことはとうの昔から知っていながら、なおかつじいっとみつめ続けていて決してアキるということがないのであります。

悪妻という言葉があっても悪夫という言葉がないように、鬼ババがあっても鬼ジジがないように、お化けがたいてい女であるように、女とはそうした恐ろしくも執念深い動物なのだから、夫の幼稚な演出などでおいそれと豹変などできるわけがないのであります。

それなら、世の夫と呼ばれる男性に、「夫婦の間に演出は必要か？」とたずねたら、たぶんこんな返事がかえってくるに違いない。

「演出？　ヘッ、バカバカしい。女に演出されてたまるか」そしてもう一言こうつけ加えるかもしれません。

「そんなことはバカな女の考えることサ」と。

　ほらネ、語るに落ちるとはこのことで、やはり男はてんで女を軽蔑しているということなんです。


　男でも女でも、あたりまえに成人した人間なら、結婚適齢期ともなれば、肉体はもちろん、脳みそのほうもだいたい固まっているのだから、たとえばセックスについてだって他人が手取り足取りガタガタおせっかいをやかずとも、彼らは二人でちゃんと処理？　がつくものなのであります。

　私たち人間は、誰に教えられなくても太古の昔からちゃんと男女のいとなみを知っていて、その後忘れることもなく、せまい日本には多すぎるほどの人口を産出してきたのです。現在、三十代も終わりの人たちは、自分では御存知ないだろうけれど、戦争中、「生めよ、殖やせよ、地に満てよ」なんていうヘンなポスターにあおられてポロポロと生まれてきた赤ン坊たちなのです。

　それを今さら、珍しいことでもあるように、セックスだのポルノだのと、まるで男女の間にはそれだけしかないように、それだけのために男女が存在するかのようにさわぎ立てるけれど、セックスだけでつながっている男女ほどはかなく哀れなものはない、と私は思うし、熱のさめかけた夫婦が、演出によって、夢よもう一度、とばかりにセックスでとやかくしようなどというコンタンは、なにやらウソ寒くて淋しくなります。

　夢といえば、昔、日本の家庭では、両親が娘の嫁入り道具の中に一枚の「枕絵」を忍ばせて、婚家へ送り出したものだとか。タンスの引き出しか長もちの底に、そっと枕絵を入れるときの両親の胸のうち、そして、婚家でそれをみつけたときの娘の表情、……そこには、なんとも日本人らしい羞恥心と思いやりがあふれていて「夢」が感じられるけれど、現在《いま》では嫁入り前の女の子が「セックス、なんぞ恥ずべきや」とばかりに、雑誌のページを凝視しながら「体位」の研究に余念がない、なんて、美容体操じゃあるまいし、それこそ夢もへったくれもあったものではない。

　片や男性いかにと首めぐらせば、これまた会社勤めの合間をぬすんで、チンケなポルノ映画を研鑽中とくる。とかく私たち日本人は選択眼とやらに欠けていて、ブームという言葉に弱く、ことに海外から輸入されてくる横文字ブームにはひとたまりもなく付和雷同してしまう。ポルノを見なくちゃ男がスタルとでも思っているのだろうか？

　私はいつかテレビジョンの対談で、ポルノ専門家という人に（ヘンな専門家がいるものだけど）会って、「ポルノってのは、日本語ではなんていうんですか?」と聞いてみた。ポルノ先生はちょっと困った顔をして、「そうねえ……やっぱ、ワイセツですかねえ」と答えた。

私は、「そんなちゃんとした日本語があるなら、日本語でいったらどうなんでしょう。ワイセツ映画、ワイセツ女優、ワイセツ小説家、作るほうも見るほうもハッキリ分っていいでしょうに」といったが、ポルノ先生の返事はなかった。

只今、我が国はワイセツ時代なんて、あまり自慢のできることではないけれど、それが「平和」の代名詞とあれば結構なことで、考えようによっては、「他に楽しみがない」のかもしれず、なんとなく、「貧乏人の子だくさん」などという言葉がチラつかないでもないけれど、いずれにしても六十歳が目の前にブラ下がっている私には、もはやどうでもよいことで、「せいぜいおはげみなされ」と退散するよりしかたがない。

「夫婦の間に演出は必要か?」という問題を、もう一度まじめに考えてみましょう。私自身の経験をふり返り、とつおいつ考えてみても、夫婦の間で演出めいたことがあったという自覚がない。強いていえば、長い間にはお互いにささいな裏切りといえばいえるくり返しがまったくなかったとはいいきれない。

けれど、そんなことは日常の方便というもので、たとえばいわなくても済むことはいう必要もない、とお互いが暗黙の間に理解しあっていることであって、「演出」といえるものではない。夫婦というものは、どこかの波長さえピタリと合っていれば、残りの部分は常にギクシャク食い違っていて当然ではないか、と私は思っているのだけど、どうだろうか?

それなら、夫婦になって以来、ただボケーッと暮している間に十年以上も経ったのか、というと、そうでもないようで、我が家にしても、生まれも育ちも違うアカの他人がたまたま夫婦になったばかりに、独身時代とは異なる神経を使い続けてきたことは事実である。

相手がいるから使う神経……、これは夫婦に限ったことではなく、親子、兄弟、友人、そして他人、すべて、人間が複数になったときに人間に必要な神経でもある。ただ、あらゆる人間関係がそれぞれに独特であるように、夫婦の関係もまた独特である。

いっそ、夫婦の間で使われるその神経を「思いやり」という言葉にしてみたら、あるいはスラリと呑みこめるかもしれない。

いや、「思いやり」とか、「気ばたらき」とかいう、私の好きな言葉も、現在の世の中ではすでに死語になりつつある言葉なのだろうか。今日の日本は、キンキラキンの食器にとてつもないまずい料理が入っているようなもので、私は毎日、家から外へ出るたびにアタマへくることの連続である。

　生まれてずいぶん長く人間をやっているけれど、これほどまでに日本の貧しさを感じ、人の心の荒れ果てた時代ははじめてで、私の知人などは「こんなイヤな日本で、死んでなんかやるもンか」と憤慨し、イタリーへ永住しちまうのだそうだけれど、イヤだからといって、私にはは海外逃亡するほどの財産があるわけではなし、人心荒れ果てた日本国で、けとばされたり、つきとばされたりしながら、ただ、憤死の日を待つよりしかたがない。

　日常感じる不愉快さは、ほんのちょっとした、例の「人間が複数になったときに必要な神経」の不足、つまり他人に対する思いやりのなさからくることばかりのようである。

　朝、新聞を開いても「子供がハネ飛ばされたり」「老

レストランで好物の飲茶を楽しむ。

人が自殺をしたり」「バスが崖から転落したり」「赤ン坊を投げ捨てたり」と、おそろしいような記事ばかりだが、どれもこれも、人間に優しい「思いやりの心」さえあったらこんな事件にはならなかったんじゃないか、と思うことばかりである。

街を歩いてみたってどうせロクなことはなく、タクシーに乗ればオッカナイ。おかずを買っても毒が入っているかも知れないし、このトシになってもまだ命にはみれんがあるから、いっそ、自分の穴蔵にでも引っこんで、「夫婦の間に演出は必要か?」どうかなど考えながらジッとしゃがんでいるしか手だてがない。

考えてみると、私たちの夫婦生活なんてのは二千年前の穴居生活とくらべて、そう大幅には変っていないんじゃないかしら？　夫は家族を養うために日夜山野を駆けめぐり、妻は夫の持ち帰ったエモノを料理して夫をねぎらい、子供を育てる。

この辺でひとつ、穴蔵の建て増しでもして新装あらたに夫婦生活を楽しもうと思っても、キチガイじみて高い建築費の見積り表を見てガク然となり、建て増しは青写真だけでストップ。

家が新しかろうと古かろうと、どうせ人間には帰巣本能とやらがあり、夫も子供も帰ってくるには違いない。しがない穴でも穴は穴、などと下品なセリフを吐いて、「住居の演出」はここに砂上の楼閣よりもはかなくなりました。

いや、もうひとつ、妻の演出がモノをいう大切なことを忘れていた。それは「食」だ。三度三度の命をつなぐエサである。こればっかりは夫を生かすも殺すもすべて台所を司る妻のサジかげんひとつ、というところが、ミステリーやスリラー趣味を持つ女房がドキドキするほどカッコいい。

女房だって、夫を愛してはいるものの、作って食べての台所仕事のくり返しはいいかげんアキてきて、そうそう夫を思いやってばかりもいられない。たまに怠けるときにはてってい的に手を抜いて、「長生きしてね」と生卵を与え、「元気を出して」と生ニンニクを与える。コルステロールが溜ろうが、くさいゲップを吐こうが、「夫の健康を思いやるあまりのメニュー」とあれば文句をいわれるスジはない。「ビフテキ食いたきゃ、もっと金もってこい」と怒鳴らないだけマシと思っていただきたい。

しかし、最近では男が疑り深くなったのか、女に近くなったのか、男は自ら「食通」などという名前をかりてエプロンなど掛け、台所を這いまわるゴキブリ亭主もふえてきたらしく、台所という女の城も、もはや女房一人の場所ではなくなりつつあるようだ。

「女、三界に家なし」というけれど、どう考えても、女の智恵では「演出」などは不可能、つまり勝ち目はないらしい。「夫婦の間に演出は必要か？」という男の企画は、もしかしたら、女に対する男の思いやりなのかもしれない。
「御無理と知りつつお願いに上がったのです」と頭を下げた、血色の悪いあの彼は、案外いまごろ聡明な妻にかしずかれて、亭主関白をほしいままに、明日へのファイトを蓄積しているかもしれないではないか。
男と女は、「もしかしたら、もしかしたら」とブツブツいいながらも、今後も一つ穴の中でよりそって暮してゆくのだろう。

夫婦の対話

かなりひどい夫と相当ひどい妻でも、一人でいるよりは二人のほうがいい

松山善三・高峰秀子夫妻

「主婦の友」1980年4月号より

残り物に福はない

松山 きょうは何にしようか。いつものやつでいい？

高峰 そうねえ。じゃ、まず白焼きと……それからうなどんね。（仲居さんに向かって）ついつい食べすぎちゃうから、うなぎはちっちゃいのでけっこうです。

松山 別に小さくなくったっていいけどね。（笑）ぼくはどんぶりでないほうがいい。——かば焼きとごはんにしよう。

一本つけてね……　ぼくはことし五十五歳、たいした才能もなく、これから先もたいしたことできないとわかっちゃったから、あとは食いけだけだ。

高峰　子供はいないし、トシもトシで、ほかに楽しみがない。

松山　そう……このごろは一日のうち半分ぐらいの時間は、うまいもの、食いたいものを考えてる。ばち当たりだねえ。

高峰　朝食のパンかじりながら、夜の献立考えてるし、眠る前には、次の日、何食べるかを決めとかないと、落ち着かないんだから……

松山　そう、もう病気だね。人のことは言えないだろ？　そっちのほうがうるさいじゃないか。

高峰　きょうはたまたまいっしょだからいいけど、いつもはお互いに、とんでもない場所で、とんでもないものを食べてるでしょ。だから、あなたが何食べたのかを知っとかないとね。主婦としては当然の役目です。

松山　昼、うなぎで、夜もまたうなぎだったら、これはたまらない。

高峰　ほんとうは、「あしたは何食べるの……あしたは？」と聞かれるのは、いやなものでしょう？　あしたにならなきゃわからないもの。

松山　そんなことはないな。うまいものを作るには、それだけの準備と手間暇がいりますからね。

高峰　それから材料を見分ける目を持っていないとだめね。これ、むずかしいの。

松山　魚屋さんにしても、昔は、季節季節で新鮮なものばかりが、一尾まるごと並んでいたけど、このごろは切り身が多いからごまかされるね。

高峰　頭《かしら》つきで売っている魚はほんとに少なくなったわね。魚はね、買いに行く時間が大事なのよ。うちの近くの魚屋さんだったら、午後二時ごろに行かないとだめなの。河岸で仕入れたものをさばいて、店先に並べるのが二時ごろなの。だから、たとえば同じあじにしたって、二時に買うと四時に買うとでは、格段の差があるわね。

松山　イキのいいやつ、うまそうなやつをみんなわれ先にと買うからね。

高峰　八百屋さんにしても同じこと。早いものがちなのよね。残り物に福があるってことは、絶対にない。(笑)

松山　お店の人だって、早く来てくれたお客さんにいいものを売ってあげたいと思うのが人情だ。

高峰　だからね、ちょっとした努力を怠ると、絶対においしい料理は作れないと思うよ。でもね、あなたには申しわけないけど、ひとつ手抜き法を披露しますとね。

松山　ぜひ聞かせてほしいね。(笑)

高峰　献立を考えるのがめんどうになったときは、あじを食卓に並べればいいのね。あなたは丑《うし》年生まれだけど、ほんとは猫年生まれかと思うくらいに、あじが好きだから……　どうしてかしら？

松山　あじはね、一年間通して、だいたいうまいからね。ぶりにしてもめばるにしても、うまい季節ってものがはっきりしてるけど、あじはそうじゃない。もちろん、あじにも旬があるけど……

高峰　それにしても、海のものが好きねえ。あなたは。

松山　味が一様でないから……海の底にいる魚、まん中にいる魚、上のほうを泳いでる魚……それぞれ味が違っているでしょ。おまけに、えび、かに、なまこ……　しかも、春夏秋冬の季節によっても味は千変万化する。牛肉や豚肉にはそれがないだろ？　近江牛は冬がうまい、いや春だ、なんて話、聞いたことがない。

高峰　味がこまやかだからね、魚は……料理の仕方にしても、生でよし、煮てよし、焼いてよしとくる。（笑）肉は、牛、豚、鶏と、あと羊ぐらいだし。料理に変化がないわね。

松山　ぼくの魚好きは、海の近くで育ったせいもある。子供のころ、何食っていたかということは、大人になってからの食生活に非常に影響を与えるね。即席ラーメンばかり食べて育った子供の味覚は、哀れというか悲しいね。

高峰　私はどちらかといえば、魚より肉が好きだわね。

松山　だから、わが家の食卓には、いつも魚と肉が同席してる。食うために稼がなくっちゃ……（笑）

役者よりも主婦のほうが性に合うわ

高峰　ところで、わが家の食卓に絶対に上らないものってあるでしょう。

松山　（見るのもいや、といった顔をして）漬け物！　あれは全く受け付けない。漬け物アレルギーだな、ぼくは……しかし世の中には、漬け物狂いが多いから、ぼくは引っ込んでるよ。たくあんはなぜ気持ちが悪いか、なぜ嫌いか、なんて議論するくらいつまらない話はないからね。

高峰　旅に出て、お弁当を買えば、必ず漬け物が入ってる。（笑）そこで、わが家では、どうしても自家製のお弁当持参になるのね。

松山　漬け物のせいだけじゃない。前にすわった人と同じ弁当を食うのは、いやなんだ。これも理屈じゃない。

高峰　鮭と卵焼きのワンパターンですみません。でもね、あなたがマンション（二年前まで、松山氏は自宅近くのマンションの一室を書斎兼仕事場にしていた）に出勤してたころは、毎日のお弁当作りがわずらわしくなったこともあったわよ。うちでお昼を食べてってくれればいいのに、と何度思ったことか。歩いても五分とかからないのだから……（笑）

松山　いや、うちで昼めしを食べると、そこでまた腰が落ち着いてしまって、仕事する気がなくなってしまう。

夫婦の愛情について

高峰　でもねえ、できたてのお弁当を持って、お手伝いさんがあなたのマンションまで出前するなんて、いま思えば、これは大いなるぜいたくですぞ。

松山　……

高峰　二十五年間もあなたといっしょにいて、いま思ったんだけど、毎日毎日のメニューを考えるということは、たいへんなことですよ。どこの家の奥さんも、うんざりしてるんじゃないかしら……

松山　だけど、物を作るということは楽しいことでしょ？　毎日毎日違った楽しみがやってくる。

高峰　幸いにして、私は家事が性に合っているからよかった。役者よりも、物を書くよりも、家にいて料理作ったり、掃除したり、ごろごろしてるのがいちばん好きだわね。ことにあと片づけが好きなの。ヘンな女。

ニューヨークのおねしょ

松山　二十五年間っていう言葉が出たから思い出したけど、二人で初めて海外に行ったのは結婚した翌々年だったね。

高峰　あのときはニューヨークだったわね。

松山　何事につけても、最初ってのは緊張するからな。特に海外旅行は不安と緊張の連続だ。ニューヨークのホテルで、おねしょしちゃったな、おれ……（笑）

高峰　朝起きてみると冷たかったのね。シーツを見ると大きな地図が……　あわてて洗って、電気スタンドの笠をとって、電球に近づけて乾かしたわねえ。（笑）

松山　それくらいに緊張して、疲れきっていたんだな。海外旅行も二度、三度となれば、どうってことないけど。初めて行く人は、万全の準備と心構えが必要だね。

高峰　おしめも持ってね。（笑）

松山　七つ道具がいるなあ。絶対の携行品は金、薬、辞書、それからなんでも自分でやってみるという覚悟……それが楽しい旅につながるんだから。

高峰　でも、あの旅は、たしか映画の見本市の団長さんで……南田洋子さんや白川由美さんもいっしょだったわね。女優さんを数人も連れて、そのまとめ役だったから、疲れるはずよ。

松山　でも、見るもの聞くものがすべて新鮮だったなあ。

高峰　ほんと。未知の国に行けば、何かがあるものね。

松山　でも、君は景色に関しては、全然だめだな。ものすごい近眼だから……

高峰　目の前しか見えない。だから、いい景色のところに行きたいなんて思ったことないわ。写真で見るほうがよく見える。（笑）私は、その土地で出会う人間のほうがおもしろい。

松山　そうだな。何がおもしろいかっていえば、人間ほどおもしろいものはない！　その国の人が、朝、何を食べてるか。
高峰　でも、その土地の人々の暮らしぶりってのは、なかなかのぞけないわね。
松山　だからこそ見てみたい。話は変わるけど、去年の夏行ったエジプトの暑さは、想像を絶するものだったな。
高峰　夏、エジプトに行くなんて狂気の沙汰だって言われたものね。
松山　反対に、夏のエジプトこそ真の姿だ、なんておだてるやつもいてね。こっちは二人ともオッチョコチョイだから、そうだそうだ、それ行けって……
高峰　あの暑さ……60度とは、まいりました。
松山　でもね、いまになってみれば、たいへん印象深い旅だったと思うな。そもそも旅ってのは、旅先でひどい目にあった旅のほうが、かえって思い出として残る。
（笑）
高峰　そうね。旅先で途方に暮れても、二人だったらなんとかなるものね。一人だったら、とても心細いし……こわいわね。
松山　仕事ならともかく、一人で旅行するなんて考えられないな。どんなうまいもの食っても、「これうまいな」と言える相手がいなかったら、これはつまらないよ。
高峰　この間、あなたがカナダ、私がアメリカに、全く別々に行って、ホノルルで落ち合ったときは、ほんとにホッとしたわね。
松山　そりゃそうだよ。まあ、お互いに仕事で行ったんだから、ひとり旅の味けなさみたいなものもなかったけど、それでも心強い味方ができた気分だったな。
高峰　でも、一人で旅をしてみたいなんていう男の人が多いっていうじゃない？
松山　「旅行に女房連れていくくらいバカなことはない」なんて言うやつがいるけど、そいつはよっぽどつまらない女房を持ってるんだね。
高峰　奥さんから逃げたくって旅に出るのかしら？
松山　そうだろうな。ぼくは、相当ひどい女房でも、いっしょに行ったほうが楽しいと思うな。（笑）外国へ行ったら、言葉が不自由になるから、いやでもお互いに話しかける。
高峰　おっしゃるとおりですわね……　かなりひどい夫でも、いっしょに行ったほうがいい。（笑）夫が頼もしく見えちゃったりしてね。いえ、逆かしら？
松山　（笑いながら）そうだねえ。お互いさまだ。この次は香港だね。また食うぞォ！
高峰　かなりひどい夫と相当ひどい女房と、旅は道連れですよ。よろしくお願いします。

夫婦の愛情について

夫婦をめぐる10のキーワード

本好きの二人が近所の書店へ。それぞれ真剣に本を選ぶ。

7
趣味

「趣味」という言葉の意味を、たとえば履歴書に書くような「映画鑑賞」や「切手収集」などのように、「専門としてでなく、楽しみとしてする事柄」と解釈するなら、私は二人の趣味を熟知しているとは言えない。

しかし私が知る範囲では、二人には殆ど趣味がない。

強いて言えば、松山はスポーツ観戦が好きである。自分が中学時代に選手だったサッカーや、あるいはマラソン、あるいは相撲、それらのテレビ中継を観るのが好きだ。

高峰は、全くスポーツができないし、関心もなかった。たまたまテレビの野球中継を観ていて、「打ったら、どっちに走るの？」と訊かれて、私は驚いたことがある。

だが松山が夕食の卓で相撲中継を観る時には、普段テレビを観ない高峰も一緒になって観ていた。

それは夫が相撲の中継を好きだからだ。

読書については、高峰は熱心だった。

「自分が映画という作りものの世界にいたからかもしれないけど、小説は作りものだから好きじゃない」と言って、池波正太郎氏の『鬼平犯科帳』全巻読破を除いては、全くと言っていいほど小説を読まなかった。随筆ばかりだった。

だから私は書店を巡り、ネットで検索して、随筆を買っては届けたが、届けるのが追い付かないほど読んだ。遅くても二日で一冊、読了していた。

だが、それは果たして〝趣味〟という優雅な側面を持っていたのだろうかと、私は疑う。

ある時、私が「かあちゃんは、まるで食うように本を読むね」と言うと、こんな言葉が返ってきたのだ、

「劣等感ですね」

五歳から映画界で働いて小学校さえ満足に通えなかった高峰は、文字通り独学の人だった。幼い時から自分で読み書きを覚えて、世の中や大人から、そして本から学び、博覧強

記の人となった。学校教育というものを受けていない自分に、高峰は引け目を感じていたのだ。

高峰にとっての読書は、趣味ではなく、学ぶことそのものだったと私は思う。

そして高峰の半生は、趣味を持つ余裕など許されない歳月だった。

人は「骨董を集めるのが高峰さんの趣味でしょう」と言うかもしれないが、それも、きっかけは、十代の時、町でファンの群れに追いかけられて、逃げ込んだ先がたまたま骨董屋だった。そして並んでいる骨董そのものより、それを並べている空間に、高峰は言い知れぬ心の静けさと安堵を見出したのだ。

古い焼き物や、パリの蚤の市でアンティークを集めること。それは高峰にとって、冒頭の「楽しみですること」という辞書的な意味とは違う、生きる上で欠くことのできない、数少ない息つく先だったような気がする。

松山にしても、スポーツをしたのは中学までで、あとは闘うような日々だった。生きるために働き、高峰秀子に「見合う人間になりたい」という一心で働き続けた一生である。

夫婦は趣味が合ったほうがいい、いや違うほうがいいと、よく耳にする。

だが松山と高峰は、そのどちらでもない。

「楽しみですること」は、互いが無事に毎日を過ごすこと、それだけだったと、私には思えてならない。

しかし、広辞苑における、趣味のもう一つの意味。

「ものごとのあじわいを感じとる力」

この意味なら、二人は全く一致していたと私は断言する。

何を良しとし、何を美しいと感じるか、その、人間としての根源が少しでもズレていたら、高峰と松山の結婚生活はこれほど長く続かなかっただろう。

夫は画面で映像でもチェックしているのだろうか。傍らで妻はその資料を読む。

夫婦をめぐる10のキーワード

1991年、山梨県長坂町の清春芸術村にて。

8

礼儀

礼儀

その映画の題名が思い出せないのだが、二十年近く前、松山がこんなことを言ったことがある。

「○○という洋画を観ていたら、帰宅して着替えようとした主人公がクローゼットのところでちょっと奥さんにぶつかって、小さく『ソォリー』って言う場面があったんだ。別に物語の筋には何の影響もないシーンだけど、あぁ、こういうのいいな、と思ったよ」

いかにも松山らしい感想なので、私はこの言葉をよく覚えている。

そして松山の振る舞いに驚いたこともある。

私が松山家に出入りするようになって間もない頃だったが、ある日の午後、食卓で高峰と雑談していた。すると書斎から下りてきた松山が「失礼」と言って、私達の横を足早に通り過ぎていったのだ。

何が「失礼」なのだろう？　私は意味がわからなかった。

だが高峰は特に気にとめる風もなく、話を続けている。

少しすると、松山が普段着のワイシャツを着て、奥のクローゼットから出てきた。

それでやっとわかった。

私達の横を通り過ぎた時は、上半身はランニングシャツだった。だから「下着姿を見せて失礼」という意味だったのだ。

「年寄りは臭い」と言って、松山は一日に二度も三度もシャワーをとっていた。書斎のバスルームには下着しか置いていないので、クローゼットでワイシャツを着るために下りてきたのだ。

だがちゃんとズボンもソックスも穿いていたし、別に上半身裸だったわけではない。

ランニングシャツどころか、素っ裸で、特に風呂上がりなど、奥さんがいようと娘がいようと平気で部屋の中を歩き回るお父さんは、ザラにいる。

松山先生ってすごく礼儀正しいんだな。その時、私は驚きをもって感じた。

そして今でも不思議にすら思うことは、高峰も松山も、欠伸、ゲップ、くしゃみ、咳など、普段我々が思わずしてしまう生理現象の類を一度も見せたことがないのだ。私が見ていないだけかもしれないが、少なくとも、私が知る二十年ほどの間、そのような現象を二人が示したのを目撃したことはない。

私というのいわば他人がいるからなのかと、

高峰に訊いたことがある。

「（二人の間でも）しませんね。だって失礼じゃない」

さらに訊いた、

「じゃ、とうちゃんはかあちゃんの前でオナラしたことない？　その逆も？」

高峰が呆れた顔で答えた、

「ありませんよ」

私の実父は母や私がいる前でもオナラをしていた。

なのでまた訊いた、

「でも、思わず出ちゃうことってない？」

そんなくだらないことをいつまでも、という感じで高峰は、

「オナラしたくなったらトイレにいけばいいじゃない」

だがそうできないのが、〝馴れ合い〟ではないだろうか。

馴れというものは、さして罪がないように思えるが、実は人間関係において恐ろしい破壊力を持っている。夫婦に限らず、恋人、親子、兄弟、友達、仕事仲間……。

馴れの果ては、〝無礼〟である。

その最悪は、言ってはならないことを口にしてしまうことだ。

それだけは、たとえ夫婦でも親子でも親友でも、言ったらおしまいという言葉がある。

そして関係は壊れる。

それは相手の精神世界を踏みにじることと同じだからだ。

だがそこまで行かなくても、あらゆる人間関係において〝遠慮〟というものがなくなったら、赤信号だ。

私は夫婦をした経験はないが、それでも、もとは赤の他人が「親子は一世、夫婦は二世」と言われるほど親密な関係になるのだから、最後まで美しい遠慮を維持することは相当難しいということぐらいわかる。

高峰と松山は互いに、決してぞんざいな物言いや乱暴な言葉遣いをしなかった。

まず高峰はほとんどの場合、松山に対して「です」「ます」言葉で話していた。

「善三さん、親子丼に卵は一つにしますか？　二つにしますか？」

「善三さんは明美をうちの養女にすることをどう思いますか？」

些細なことから重要な案件まで、話し方は変わらなかった。

松山は日常的に「ありがとう」をよく使った。

　これは簡単そうで、なかなか難しい。

　奥さんがコーヒーをいれてくれた時、「ありがとう」というご主人がどれだけいるだろう。

　冬、高峰が食卓についている松山の前に、熱燗を置く。すると松山がとても自然な感じで、小さく「ありがとう」と言う。作ったニラタマを大皿から取り分けて松山の前においた時も「ありがとう」。

　先の映画のワンシーンではないが、最初にそれを目撃した時、私はちょっと感動した。

　いや、かなり感動した。私の実父母はもちろん、知人のあらゆる夫婦の間でもそのような場面を見たことは一度もなかったからだ。

　松山がゴミを出しに行ってくれたら、高峰が「ありがとう」と言う。

見ていて、本当に気持ちが良かった。

「人の家に来て、よくそうまぁ、大口を開けて欠伸ができるもんだな。手で覆うとか何とかしないのか。ま、いいよ。それだけ安心してるんだろう」

　松山が私に言った言葉だ。

　今思えば恥じ入るが、私は二人の前でしょっちゅう大欠伸をしていた。

「部屋の中を走るんじゃありません」

　高峰に何度か注意された。

　そんな不作法な私にも、二人は「ありがとう」と言ってくれた。

「かあちゃん、買ってきた鮭、冷蔵庫に入れとくね」

「ありがとう」

　流しでホウレンソウを洗いながら、高峰は言ってくれた。

　今、松山と二人きりの食卓で、私が高峰の代わりに、松山の好きなハイネケンを置く。

「ありがとう」

　そう言ってくれる八十七歳の松山を見るたびに、私は、あの美しかった高峰の笑顔と、そしてこの夫婦を強く結びつけた愛情溢れる礼節を、思い出す。

上／1996年、クイーンエリザベス2号で船旅をした際に。

夫婦をめぐる10のキーワード

自宅離れのテラスで。二人だけの静かな時が流れる。

9

時間

高峰も松山も、時間に厳格である。

たぶん二人とも、長い人生の中で、約束の時間に遅れて人を待たせたことは一度もないと思う。

「寝坊して」は論外の理由だが、「車が混んでいて」「事故で電車が遅れて」「出がけに人が訪ねてきて」「道に迷って」……思わぬことで人は遅刻する時がある。私もあった。

だが高峰は、言った、

「何かあってもいいように、早めに家を出るんです」

そして松山家の運転手さんに常に言っていた、

「葬儀の車のようにしずしずと走ってください。急がなくてもいいように、私達は早く家を出ますから」

スピードを上げると事故につながる。

家を出る時は、予定した出発時刻の三十分前には全て支度を整え、高峰は食卓でゆっくり煙草を吸っていた。煙草を消せば出かけられる。松山は雑誌を読んでいた。雑誌を閉じれば出かけられる。

出がけにバタバタしているのを見たことがない。

余裕を持って支度するから、忘れ物もしなかった。そして約束の時刻の少なくとも十五分前には現地に着いて相手を待つというのが、二人のやり方だった。

以前、高峰が激怒したことがある。

ある出版社の年配男性編集者が、画家の安野光雅氏と高峰の会見を設定した。いつものように高峰は、約束の場所に二十分前に到着した。

だが安野氏が来ない。

氏は、編集者がタクシーで迎えにいって会見場所にお連れすることになっていた。

約束の時間を一時間過ぎた頃、やっと編集者に伴われて氏が現われた。

翌日、高峰はその時のことを私にこんな風に伝えた、

「余裕を持って会社を出て、早く着きすぎたら、安野さんのアトリエの前で待てばいいんです。それを、あのお忙しい方を四十分も待たせるなんて……（ムムッという感じ）。安野さんの貴重な時間を何だと思ってるんですッ。許せません！」

出版社から安野氏のアトリエまで、通常なら車で十五分もあれば行かれる。だから編集者はそのつもりで会社を出た。だが予想外に道が渋滞していたため、安野氏を四十分待たせた。ゆえに会見場所に着いた時には約束の時間を一時間以上過ぎていた。

高峰は自分のためには怒らない。自分の大切に思っている人が被害を被った時に怒る。

そしてこの時は、その編集者の、仕事に対する心構えのなさ、緊張感の欠如、〝雑さ〟にも腹を立てたのだ。

なぜなら、その編集者の〝雑〟はそれが初めてではなかった。二度目でもなかった。結局、その人はその後も似たようなことを繰り返し、遂には自分の失態を他の編集者のせいにする発言をしたことで、高峰の堪忍袋の緒が切れた。

「こちらから本を出してくださいとお願いしたことは一度もありません。無期延期にしてください！」

「ヘラヘラして電話かけてきたから、あの人にこう言ったのよ」と、高峰に右の台詞をリピートされた時、私のほうが震え上がった。

高峰に震え上がったのではない。高峰にこそここまで言わせた編集者の無神経が怖かったのである。

「僕は待つのは、いくら待っても平気だよ」

松山は人がどれほど遅れてきても、常ににこやかに迎える。

かつて松山家の経理を担当していた老人と待ち合わせた時もそうだった。老人が付けた帳簿に不審な点があるので、私がホテルのラウンジで会うよう勧め、同席した。

一年ぶりの再会だった。

老人は十五分遅れてきた。そして平然と「やぁ、お久しぶりですねぇ」と松山に言った。松山は笑顔で「やぁ、こちらこそ」と言った。

側にいた私は、俗に言う、ムカついた。

松山は相手に片頬をぶたれたらもう片方の頬も差し出すような人だから、私も馴れてはいたが、正直、松山にも少し腹が立った。なぜ「遅いですね」ぐらい言ってやらないのだ、と。

私は、その老人に言ってやりたかった、

「あなたねぇ、今日会わねばならなくなったのは、あなたが作ったいい加減な帳簿のためですよ。非常に迷惑している。それを、八十を過ぎた松山を十五分も待たせておいて、『やぁ、久しぶり』とはどういう言い草かッ。その前に言う台詞があるだろう、『お待たせしてすみません』。七十面下げてそんな言葉も知らないのか、このクソジジイ！」

その日、その老人はあろうことか松山家を記念館にしろとしつこく松山に勧め、自分が経理を担当するとぬかしやがった。その夜、ご丁寧に私にまで電話をかけてきて、「松山さんに勧めてくださいよ」と。

私は溢れる怒りを懸命に飲み込んで、かろうじて言った、

「そんなことを松山にも高峰にも勧めるつもりはありません」

人間だから、約束の時間に遅れることぐらいあるさ。人はそう言うかもしれない。だが、遅刻することは、そのこと自体では終わらない。時間にルーズな人間は、往々にして、もっと罪深いことをするものだ。

逆もしかり。

「今日という日は二度とかえってきません」

五十年の女優人生を無遅刻無欠席で通した高峰は、言った。

「時は待ってくれないんだよ」

ズボンで脛《すね》毛が擦り切れるほど撮影所を駆け回って働いた松山は、言った。

時間の観念はその人を幸す、と私は思う。

二十年余りインタビューの仕事をしてきて、私も遅刻したことがある。だが、待たされたことは数えきれない。三時間待たされたこともある。遅れてくることがステイタスだと言わんばかりに、詫びの一言もなく四十分遅れてきた女優もいた。遅れてきた上に、さらに待たせて化粧をしたタレントもいる。

大した仕事をしていない人間ほど、遅れて来る。一握りの天才を除いて。

人は死ぬまでにどれだけの時間が与えられているのか、誰も知らない。

高峰秀子と松山善三という一組の夫婦が、結婚して五十五年という歳月をどのようにして過ごしたのか、私はつぶさには知らない。

朝七時に起きて、九時、松山は高峰が用意したカフェオレとヨーグルトとリンゴ半分を、高峰はカフェオレを飲む。十一時半、チーズトーストかうどんで軽く昼食。夕方五時には晩ご飯を食べて、七時前には寝る。

私が知っているのは、三分とズレないその規則正しいタイムテーブルと、食事時に話をする以外、お互いがお互いのしていることを決して邪魔しなかったこと、それだけである。

結婚して40年経った頃の夫妻。

新婚時代、二人がどのような毎日を過ごしたのか、一緒に海外へ旅した時、どんな会話をしたのか、互いの仕事が忙しかった頃、どうやって二人だけの時間を捻出したのか……。私は知らない。

だが、二人の間に流れた時間は、私が知る晩年の二十年と、それほど違っていただろうか。

夫婦は我慢が肝要だと聞く。

二十四時間を自分のためだけに使うわけにいかないのが、夫婦である。

お互いの中を流れる時間の速さが違ったら、夫婦という共同生活は壊れる。

夫婦になった経験のない私は、それは二人三脚のようなものなのだろうかと、想像するばかりだ。

五十五年間、息を合わせて歩いてきた互いの足首のハチマキを、「一緒に歩いてくれて、ありがとう」、そう言って静かにほどき丁寧に折りたたむ高峰の白い手が、私には見えるような気がする。

夫婦をめぐる10のキーワード

1995年、高峰さんが久々に月刊誌で連載を始めるのを記念してパチリ。

10
老い

いくら仲の良い夫婦でも、同じスピードで老いることはできず、二人同時に死ぬこともできない。しかも、老いも死も、いつやってくるか、わからない。

高峰はせっかちな上にとても几帳面な性格で、しかも用心深かったので、日常の家事から仕事に至るまで、諸事万端、事前の準備を十分にする人だった。

だから老後の備えも早かった。

まず、五十歳の時に骨壺を作った。夫の。

何しろ二人の間では、松山が先に死ぬことになっていた。幼い頃から虚弱で、結婚してからも高峰が「病気のデパート」と評したほど、ありとあらゆる病気をした。松山には申し訳ないが、私も松山が先に旅立つと思っていた。

〈私は、暗くつめたい墓地に亭主を埋める気もないし、お墓に水をぶっかけるという趣味もさらさら無い。亭主の骨をそっくり大風呂敷に包んで背負って歩くわけにはゆかないまでも、せめて骨のカケラくらいは獲得して、しかるべき容れ物に納め、常時、自分のそばに置いておきたい、というのが私の願いである。

夫は、それじゃ、日ごろ愛用している李朝の小壺にでも入っちまおうか？ と言ったけれど、李朝の壺はみるからに冷たそうで、低血圧の亭主がさぞ寒かろう、と私は考えた。〉（『いいもの見つけた』より）

そこで高峰は、人間国宝の工芸家、黒田辰秋氏に夫の骨壺の制作を依頼した。

二年後、出来上がった骨壺は、棗《なつめ》ほどの朱の根来《ねごろ》（塗り）。蓋に桜の花びらが一枚象嵌《ぞうがん》された、実に品のよい逸品だった。

桜の花びらは「人間、いつかは散る命」の意味だという。

さらに五十代の半ば、二人は海外に墓を買った。

六十を超えた時には、家をブチ壊した。

そして小さく新築して、住み込みだったお手伝いさんと運転手さんに退職金を渡して、解散した。

壊した家には応接間が三つあったが、それは高峰にとってあくまで商売上、必要な施設だった。それ以前の家は応接間が一つだったので、撮影や取材の人間が順番を待つため廊下は病院のそれのようにごった返した。そこで次の家には応接間を三つ作って、各組の取材者はそれぞれの応接間でお茶など飲みながら待機、そこを高峰が順番に回っていくようにしたのである。

だがそんな家は、女優を引退した妻と仕事を減らし始めた夫には、広すぎる。だから縮小した。その現在の家には、応接間もない。

客を招かぬ家にしたのだ。

家財も殆ど処分して、夫婦合わせて百五十本近くあった映画賞のトロフィーも捨てた。

その〝捨てる〟プロジェクトがほぼ完成した頃、私は高峰に出逢った。高峰は七十歳に近く、執筆活動さえやめようとしていた。それを私がたびたび取材に引っ張り出し、挙句は月刊誌で連載までさせてしまったのだから、内心は迷惑だったろう。

そして八十歳になる頃には、完全に外界との接触を絶っていた。

高峰はひきこもるようにして家を出ず、ひたすら三度三度の食事作りと読書に専心、洗濯とゴミ出しはそれまで通り、松山が続けた。

恐らく、私という存在がなくても、二人はその生活を続けただろう。そしてどちらかが倒れ、あるいは死んでも、それなりの対処をしただろう。

私が知り合った頃、二人は年に二回、ハワイへ発つ前にはいつも遺言書を残していた。飛行機事故などで二人一緒に死ぬこともあり得ると考えたのだ。

「僕の書斎の机の上にあるから」

当時まだ養女でも何でもなかった私に、松山は言った。

だがもし私がいなくても、二人同時に亡くなれば、誰かが、少なくとも弁護士が書斎の遺言書を開封したことだろう。

そして私が初めて松山家に足を踏み入れた日に、今思えば、不思議なことがあった

その日は松山は留守で、私は食卓で高峰と話をしていたのだが、しばらくすると高峰が何を思ったか、席を立ち、「来てごらん」と、地下室から松山の書斎まで、家中、私を案内したのだ。

それまで外では何度も会っていたが、私が松山家を訪れたのはそれが初めてだった。

「用心深い高峰さんらしからぬ……」、私はそう思い、正直、一瞬だが、「高峰さんボケたんじゃないか」と思った。それほど唐突な行為だった。

だが再び食卓の椅子に掛けると、高峰はも

っと驚くことを言った、

「松山がね、『一日でもいいから僕のあとに死んでくれ。君に先に死なれたら、ご飯を作ってくれる人がいない』って。そうなのよね。私が先に死んだら松山がとても困るの」

そして、改めて私の顔を見ると、

「あなた、松山のご飯、作ってくれないわよね？」

やっぱりおかしい……。私は思った。

「そんな……高峰さんの美味しいお料理を食べている松山先生に私が作った物なんて……」

私は「はい」でも「いいえ」でもなく、かろうじてそれだけ言った。

高峰は何も言わず、ただニコニコしていた。

あの時、どこまで真剣に思って高峰がそう言ったのか、私にはわからない。

だが、それから二十年経って、今、私は松山のご飯を作っている。

不思議で仕方がない。

高峰は「老い」より、その先にある「死」をめざして準備していたように、私には思えてならない。

そして、できるところまでやって、できなくなれば死ぬだけのこと、そう思って毎日家事をしていたように、私には思える。

私の存在があってもなくても、高峰はそう考えていたと思う。

最後まで何一つ、人を頼らない人だった。

最後までボケることなく、遂に一度も私に家事を任せることなく、自分一人でやり切って、高峰は逝った。

唯一、高峰にできなかったこと。

高峰の骨を墓に納めること。そしていつか、松山の骨をその同じ墓に納めること。

もしも、何一つ頼らなかった高峰が私に託したことがあるとすれば、それだけだ。

ただそれだけをし残して、高峰秀子は完璧な老いを生き、死んだ。

見事だったと思う。

あの人の〝捨てる〟勇気はすごかった。カッコよかった。

今でも惚れ惚れする。

だが……。

果たして私自身の骨は、どうやって、あの遠い墓まで運べばいいのか……。

あまりに見事な幕引きをした高峰を想いながら、私はボンヤリ思案している。

幻のエッセイ4

人生の店じまい

サライ・インタビュー

「人生の店じまい」を始めました。家財道具を整理し、家も縮小して。思い出だけは持ち運び自由だもの

高峰秀子

「サライ」1994年2月3日号より

――女優の暖簾は下ろしたままですか？

「ジョン・ウェインでもあるまいし、私は何も手ぬぐい配って〝辞めました〟って宣言するほどの役者ではないですからね。自然消滅していけば、分相応なんじゃないかしら。

30歳で結婚してからは、とにかく夫（映画監督の松山善三氏）第一にしてきましたから、役者業はずるずるなのね。今は雑文書きが主だけど、大したものは書けないし」

――いや、文章の名人といわれています。

「とんでもない。構えずに、手紙を書くように身辺のことを書いちゃうだけ。ろくに小学校も行ってないのに、6歳くらいから映画雑誌にロケ日記のようなものを書かされていたのね。それで書くことが自然に身についたの。60銭で買える岩波文庫を、撮影の合い間に読むのが楽しみでねぇ。それと、何より自分の周りを見ることが一番

の勉強でしたね。何でも、気持ちの持ち方ひとつです。バスに乗っている人や、隣でご飯を食べている人を見るのも大変に勉強になります」

——そうした人生経験を経て、衣食住すべてに本物志向を貫く「生活の達人」です。

「そんな立派なものじゃありませんが、好き嫌いははっきりしています。ひらひら、ちゃらちゃらしたものは大っ嫌い。

結局、おかっぱ頭の頃から、物の好みは変わってないのね。6歳の時から映画の世界に入って、すぐにスターになっちゃったから、毛皮の襟巻きなんかさせられる。〝いや〟ってはっきり言うの。だって子供は風の子なわけでしょう。でも小さいから、それをうまく説明できないのよ。生意気だって養母からずいぶん叱られた。とにかく外見だけを良く見せようとする、上げ底のものは全く受けつけない。実質が伴ったものが一番好き。

たとえ高価なものでも、飾っておく趣味は一切なくて、すべて実用に使っています」

——家の中はいつも整然としているとか。

「無駄なものは置かないから。貰いものなんかを次々に飾るから、なんだか特売場みたいになっちゃうのよ。いただいて嬉しいという感謝の気持ちと、家に置くということは切り離さないと。冷たいようだけど、貰いものを置いてしまったら、もう最後です」

——かなりのきれい好きともうかがいます。

「うん、整理整頓魔。潔癖を通り越して、病気って言われます。たんすの引き出しひとつを開けても、きちっとしてないと気持ちが悪いのね。子供もいないし、夫婦ふたりっきりだから、もし自分たちが旅先で死んじゃったら、後始末に他人が家の中に入ってくるじゃない。みっともないことは絶対したくないっていう気持ちがあるの。

子供の頃から、明治生まれの大人に囲まれて仕事をしてきたでしょう。だから大正13年生まれだけど、自然と明治の気風が身についたというのかな。とにかく人に迷惑をかけることが、一番つらいことなのね。何でも自分でやる方が、よっぽど気が楽」

——大スターなれどお手伝いさんは雇わず?

「いいえ、最近まで3人いました(笑)。女優というのは、好むと好まざるとにかかわらず、生活が大きくなる時期があるんです。見栄でも贅沢でもなく、本当に3人必要なの。ひとりは付き人として仕事に連れて行くし、家には留守番も要るから、あとふたりいないと、おつかいにも出られなくなっちゃう。

私の場合、付き人は自分の世話を頼むよりも、むしろ付き人がいない共演者の方のためだった。〝ほら、あの人にいすを持っていってあげなさい〟〝この人にお茶をね〟って。だから仕事場では〝奥さん〟って呼ばれてました。助監督さんが、〝麻布の奥さん、出ですよ〟って

呼びに来るの」(笑)

──「奥さん」は、気配り上手の優等生。

「そもそも好きでこの道に入ったわけじゃないので、ずうっと鳥のようにこの世界の人間模様を眺めてきたような感じなのね。

役者ってのは変身願望が強くて、他の人間になりきることをすごく嬉しがったりするんです。けれど私は、それに抵抗を持つ人間なのよ。せりふを覚える時も、〝うえっ〟ってゲップみたいな拒絶反応が出ちゃう」

──そんなに役者が嫌いだったのですか?

「ええ、嫌でしたねぇ。だけど仕事というのは、好き嫌いという次元とは全く関係ないことです。で、引き受けた以上、とにかく一生懸命やる。せりふはきっちり覚える。NGは出さない。そんな根性が子供の頃から染みついてるから、50何年、無遅刻無欠勤。

演技がうまいとかまずいなんて次の問題ね。やめたらご飯が食べられない、他にやれる仕事がないからやってるというような、非常に粗末なことだったんですよ」

──数年前、東京・麻布永坂のお宅をさっぱりと、小さくなさったそうですね。

「運転手さんを入れて4人の人間がおりましたから、もう会社みたいなものよね。皆交代で休むんだけど、夫と私だけが年中無休。しまいに、何のために働いているんだか分かんなくなっちゃった(笑)。

女優だから、生活が大きくなってしまう時期もあります。それは仕方がない。人間だから、環境が変わってゆくでしょう? 私はいつでも自分の身丈に合った、無理のない生活をするのが理想なんです。……で、今は、年をとっちゃったから、あまり出しゃばらずに静かにしていたいんです」

──静かな余生の第一歩は?

「生活の何もかもを、自分の手でやっていくようにしたこと。普通は一生懸命貯めたお金で人を雇ったりして、老後の負担を軽くすることを考えるわよね。私たちは逆のことをした。夫婦ふたりだけですべてをやっていく生活を始めるために、それまで働いて貯めた有り金を全部吐き出したんです。

家にいたのは皆長く勤めてくれた人ばかりでね。運転手さんなんて27年。けれどみんな納得してくれました。ひとりひとりに退職金を出して。今も遊びに来てくれたりしますから、その点は幸せね。

で、9部屋あった家を壊して、更地にしてから、3間っきりの小さな家に建て直すことにしたの。足りない分は絵や骨董を売ってね。この世の店じまいの手始めに、ひぃえーっとのけぞるような大枚をはたきました」

──さすがに、がくっと気落ちされた?

「全然。しごく爽快な気持ちです。家が大きければ、お客が食事にやって来て、ついでに泊まっていったりもするでしょう？　だから終《つい》の住処《すみか》は3間だけ。夫の書斎、寝室、リビングキッチンでおしまい。つまりお客さんを招かないということです。

8人がけのテーブルセット、120ピースのディナーセット、何ダースものクリスタル・グラス。大きな食器棚もソファーも、みーんな必要がなくなって、まとめて売りました。がんばってお金を貯めて手に入れた、家宝の梅原龍三郎先生の絵は、近代美術館や復元された先生のアトリエに寄付しました」

――数々受賞された演技賞のトロフィーは？

「ああ、全部捨てちゃいました。重いのよねぇ、トロフィーってのは。ブロンズの像に、大理石の台がついてたりして。松山の分も30くらいあるから、合わせて100個はあったかな。いずれにしたって、ただ重いだけで何の役にも立たないもん（笑）。

映画の台本やスチール写真は整理して、川喜多財団のフィルムセンターに寄付したんです。昭和5年から400本近く出ているから、子供の頃の台本なんて和綴《わとじ》の和紙。そんなもの今、どこ捜してもない貴重な資料でしょう。松山も蔵書の整理を始め、役職もいくつか降りました」

――そうした中で、どうしても捨てられなかったものは何ですか？

「要るもの（笑）。日常使っているもの。使い回しのきくもの。店じまいといっても、歯ブラシ一本くわえて、がらーんとした部屋につっ立っているわけにはいかないでしょ。

私、若い頃から骨董屋をのぞくのが、何よりの楽しみだったんです。親類縁者が大勢扶養家族になっていましたから、どんなに稼いでも、大金には縁がなかった。その中から、けちけちとお金を貯めては染付や李朝の陶器を買って。結婚してからは、パリの蚤の市に行くのが楽しみだった。夫婦ふたりで風呂敷を一枚ずつ持って、入口から別行動。よーいどんで、どっちがいいものを見つけられるかって競争するの。

そんなこんなで買ってきた古いものを、日常でどんなふうに使ったら息を吹き返してくれるかなと、使い方に頭をひねる。それは買い物よりももっと楽しいことでしたね。だから今、家の中にあるものはひとつひとつに愛着があるし、実用性のないもの、使わないものはひとつも置いてないの」

――さっき、お店で片口を見ていらした。

「片口は大好きなのね。皿洗い機を入れたので本物の塗りは無理で、プラスチックしか使えなくなった。あそこ問屋さんだけど、プラスチックのものがたくさんあるので、ちょいちょい行くの。片口はおかずを入れる器にもなるし、本来の使い方として、溶き卵をおすましの鍋に流し込む道具にもなるわよね。花器のように小さい剣山

人生の店じまい

を入れて、なでしこでも挿して食卓に置いたら、古女房の手料理にいささか飽きている亭主どのも、にっこりするんじゃないかしら。

夫婦ふたりっきりの小さな生活には、そういう使いまわしがきくものが一番。縁がでこぼこした器は重ねにくいし、金縁の色絵皿にお煮しめのっけるのも、ちょっとね。やはり、すっきり、さっぱりがいいわね」

――ところが最近のものは、ごちゃごちゃ、くどくどが多いようです。

「この間も、電気釜を捜すのにひと苦労でした。新しいのはややっこしいものばっかり。ぱっと炊ければ、それでいいのよ。スイッチを入れる時間の予約だとか保温だなんて、絶対まずくなるに決まってるでしょう。ご飯をおいしく食べるには、炊きたてを食べること、それだけ。シンプル・イズ・ベストです」

――これからも、せっせとおさんどんしながら、ご主人との道行きですか。

「夫は一日だけでいいから、私に長く生きてくれって。〝お前が死んだら、おれは何を食えばいいんだ、次の日から〟って（笑）。〝自分が死んだら家を売って、ホテル

春。松山家の庭には、結婚の日に植えた
白木蓮が純白の花を咲かせる。

に行きなさい〟って真面目な顔で言うんですよ。そんなことをごく日常的に話し合っています」

――何事もご主人次第……。

「松山は結婚してからあらゆる病気をしてきましたからね。仕事と病気が趣味なんです（笑）。看護する方としては、忙しくて病気になる暇もなかった。40年間、松山の口述筆記を引き受けてきたから、右手の中指は変形しちゃいました。自分の原稿はおさんどんの合間に、ちょこちょこっと原稿用紙広げて書くの。鉛筆で書いては、消しゴムでくちゅっと消して。けちだから、一枚も無駄にしない。明治の女ですからね。

とにかく結婚してからは、亭主のために一生懸命にやってきました。結局、人間は人間のために何かをするよりほかないんじゃないかしら。古い奴だとお思いかも知れませんが、これ、古いも新しいもないと思うんです」

――人生の店じまいの仕上げは、どうなっていくんでしょうね。

「小林秀雄さんや白洲正子さんが書いていらっしゃいますけど、明恵《みょうえ》上人っていう禅僧の話でね。若い頃修行するのに、健康体では没頭できないからって自分の耳をそいじゃうのね、ゴッホみたいに。

それで年をとってから、ある島に手紙を出すんです。『ごぶさたしておりますが、今もあの桜はきれいに咲いていますか。懐かしくなって、一筆致しました』。その手紙を弟子に渡す時、島の誰に渡せばいいのかって問われると、〝いや、別にあてはない。どこか石の上にでも置いてきてくれればいい〟って答えるんですよ。うーん、これってすごい心境だと思うのよね」

――はあーっ、何がすごいんでしょうか。

「やっぱり世の中、そういう無駄なことも必要なのよ。上質な無駄こそが、心を豊かにする。人間そんな心境になれたら、もっと聡明になれるだろうけど。これも、欲の塊のような若い時にはわからなかったことね」

――何事にも執着せずに、風の吹くままに？

「物を捨てて、新しく手に入れたものは、文字通り肩の荷が下りたという身軽さです。自由という何ものにも替えがたいものを得た。他人がいなければ、物は頼めない。だけど、借りも作らずにすむんですよ。

一遍捨てなければ、拾うこともできないのね。物にしがみついたって、ろくなことはない。思い出のようなものはいくらあっても重たくないし、持ち運び自由。良い思い出がたくさんあるだけで、もう充分ですよ。

だって裸で生まれてきたんですもん、裸で死んだらいいんじゃない？」

余白を語る

金も名もいらない 跡残さぬ死がいい

高峰秀子

「朝日新聞」1988年1月22日付夕刊より

—人生の店じまい—

家財道具をみんな売っ払っちゃって、主人（松山善三氏）と二人だけ。さっぱりすることにしたの。終（つい）のすみか、ね。たった三間で、皿もコップもふたつ、いすも四つ。女優ははなやか、家が広いから人を呼ぶ。だからみんな捨てたの。好きな人間とわずかの本と梅原先生（龍三郎）の絵が一枚あればよい。そうしたら家の中のものにみんな目が行き届き、自由な時間が手に入ったわ。捨てなきゃ人間新しいもの手にできないのよ。

五歳で子役になって以来、五十年、働きに働いてきたけれど、映画の中の何の何子さんでなく、今、自分になったみたい。もともと女優には向いてなくて、映画でも衣装とか裏方の仕事の方が好きだった。好きでないものを一生懸命やんだから、セリフ一つ他人よりも何倍も何倍も努力して。幼稚園でてないのに、サインのために字覚えて、それでも勉強できなかったのが残念でした。

〝人気スター〟のころの二十五歳のとき、虚像を捨てに半年パリへ逃亡したことあったの。でも今はもっと徹底して、お金もいらない、有名もいらない、欲しいものない、いい亭主いる。これね。が、女優していたおかげで人生の師に多く会えたのはしあわせ。梅原先生もそのお一人でした。

——梅原さんの「葬式無用」の遺書、松山さん通じて預かりました——

母よりも夫よりも長いおつきあいでした。私、じっとしているのが苦痛ではない。モデルをしていると先生にとっては静物だったのよ。亡くなる前、どこが痛いの？と聞いたら「苦しいといえば、どこもかしこも苦しいし、痛くないと思えば、どこもかしこも痛くない」というスゴイ答えがかえってくるの。その頑固さとわが道を行く、という姿勢は見習ってしまったみたい。先生はよく、「ボクが死ぬとき会いたいと思う人間は、いくら考えても五人といないよ」とおっしゃってたけれど、ほんとうの実感でした。

―遺言訂正―

女優のころはもっぱら「花伝書」がお手本でしたが、今は吉田兼好の「徒然草」に百パーセント傾倒していて、生きるお手本にしたいと思っているの。兼好のいう「おろかなる人」のままで死ぬのつまらない。私もだれも会いにきてくれなくていい、私が消えたらすべての痕跡が消えるのがいいのよ。残すものなく、だれか家にきて引きだし開けてもみんな整理されているという状態にしてある。死ぬのがこわいのではなくて、死に至るまでの手続きがこわいのですね。人付き合いが変わってゆくから、いつでもすっきりできるように遺言の訂正をもう三回もしたのよ。

生きているうちに、家も全部売っ払って、豪華船に乗り太平洋の真ん中で世界文学全集を背負って（浮かばないため）、二人でとび込んじゃおうか、って松山と話したのだけど、あながち冗談でもない心境。また梅原先生、谷崎先生（潤一郎）、川口先生（松太郎）、円地先生（文子）らに会えるんだからいいじゃないか、という気持ちです。

モダンな銀座との出会い

二週間食べ続けた洋食

高峰秀子

「別冊サライ」1999年4月18日号より

五歳の時、子役として芸能界入りをし、ずっと映画界という特殊な環境で過ごしてきました。子供の時分は、カメラの前で「ウソっこ」の芝居をするのに抵抗があって、自分で言うのも変ですが、撮影所での私は、陰気で愛想のない子供だったと思います。

そんな私を撮影所の人たちは、なぜか可愛がってくれました。撮影が終わるとたいがいスタッフの誰かが、待ちかねたように誘ってくれて、横浜や浅草、そして銀座に連れていってくれたのです。

「秀坊！」

と声がかかると、私は「おじさん」や「お兄さん」と一緒に出かけました。ある時は、名監督野村芳亭《のむらほうてい》のもとで仕事をしていたカメラマンの小田浜太郎さんであり、ある時は『旅笠道中』などを作った流行作詞家の藤田まさとさんでした。考えてみると、世の中には、不思議なくらいに子供好きな方がいるものですね。彼らは、私を連れて食事をし、おみやげまで買ってくれて、帰りには必ずタクシーで蒲田の家まで送ってくれました。

昼食に食べたオリンピックの洋食

連れていってもらった中では、モダンな銀座が一番好きでした。

銀座のコースは決まっていて、いつも新橋のたもとで車を降り、まずは『凮月堂』です。そこで「ガラガラ」という玩具を買ってもらい『天國《てんくに》』などで食事をする。そうそう、洋食の『モナミ』で食べた日の丸が立ったお子様ランチも忘れられませんね。そして、食事の後は帝国劇場で洋画を観る。『自由を我等に』なんて映画を今でも鮮明に覚えています。

そんなある日、あれはそう、昭和九年、私が一〇歳になった時でした。藤田まさとさんが、車で迎えに来て、銀座の数寄屋橋にあった塚本ビルに行ったのです。塚本ビルは東宝の前身の『P・C・L』と『ポリドール・レコード』が入ったビルで、新しい仕事の顔見せのためでした。その仕事というのは、東海林太郎さんと日比谷公会堂での共演でした。

当時、『赤城の子守唄』のヒットを記念して、東海林太郎主演で、時代劇の入った特別ショーが、企画されたのです。このショーの脚本を書くことになったのが藤田さんで、彼は私を共演者に推薦してくれたのです。

私の役は勘太郎です。稽古は二週間、毎日続きました。午前中二時間の稽古が終ると、一同揃って昼食です。この時は、『オリンピック』という洋食屋さんが多くて、今日はオムレツ、明日はカツレツと、来る日も来る日も洋食を食べていました。短期間にあれほどまとまって洋食を食べたのは、あの時が初めてだったと思います。

当時の私は、貧乏していましたからね。養父はその日暮らしの人で、いつの間にか去り、私は養母とふたり暮らし。当時、三個一〇銭だったコロッケもなかなか買えないご馳走でした。コロッケは、肉屋で売っていましたよ。買うと必ずキャベツの千切りを添えてくれて、養母とふたりだけの食卓にそれが並ぶと、とても嬉しかったものでした。

ところが、『赤城の子守唄』の後、共演した東海林太郎さんが、私を養女にしたいと藤田まさとさんを通じて言ってきたのです。当然、養母は猛反対。それでも、東海林さんは引かない。どういう密約があったのかは、一〇歳だった私には詳しいことはわかりませんが、結局、私は、養母とともに東海林家に住むことになりました。

東海林さんはその時三六歳。私と同年代の息子さんがふたりいて、学校の友達などいなかった私は、彼らとすぐに仲良しになりました。けれども、階下に養母がいながら、夜は東海林さんの布団で一緒に寝たり、すっかりお嬢様扱いで大変戸惑いました。

あっちに気兼ね、こっちに気兼ねで、いったい自分はどこに身を置いたらいいのだろう、といつも不安でなりませんでした。そして、二年半経った時、養母とふたりで東海林家を出ました。『オリンピック』の洋食の味とともに、東海林さん夫妻と暮らした不思議な期間を思い出します。

パリのクロケットと銀座のコロッケ

戦争の暗雲が立ちこめると、宝塚少女歌劇や松竹歌劇団が廃止され、アメリカ映画やイギリス映画は上映禁止です。映画館では、軍検閲のニュース、文化映画が強制上映されるありさまでした。

そして、敗戦――。

私の好きだった銀座は、焼け野原。映画人はもとより、日本中の人たちが打ちひしがれていました。でも、あなたも私も丸裸、という状況になると、逆に強くもなれるもので、戦後の復興は、ものすごいスピードで始まりました。銀座にもバラックが建って、戦前のお店もしだいに帰ってきました。

そして、映画も昭和二一年には新作の準備が始まって、徐々に活気づいて、私にも再び忙しい日々が帰ってきました。年ごろなのにボーイフレンドも作れないどころか、外で食事をすることもままならない。人気が上がっていく一方で、自由になれないもどかしさもつのりました。

銀座には『つばめグリル』なんて、気さくな洋食屋さんがありましたが、私はそうしたお店には行きたくても行けませんでした。当時、銀座で私が落ち着けたのは、『資生堂パーラー』だけではなかったでしょうか。少しおしゃれしないと行けないお店、そんな雰囲気が資生堂にはありまして、そこでコロッケを食べるのが楽しみでした。

さもなければ、食事はホテル。ほかに行ける場所がなかったのです。今でこそ女優さんも気軽に街のお店に行きますが、その頃は、まったく違いました。いつもみこしにのせられているようで……。そんな日々を清算して、昭和二六年、私は単身パリへ留学しました。

もちろん、フランス語などまるでできませんでした。渡航自由化前で、出国前にはたしか大使館で面接がありました。パリで下宿を提供してくださったのは、ソルボンヌ大学の教授ご夫妻。それは厳しくて、夜遅くの外出は禁止でした。それでも、私は、留学の半年間でフランス料理というものを知りました。ピンからキリまで食べ歩いたのです。

コロッケのもとになったクロケットを初めて食べたのもその時です。私の食べたクロケットは、湯たんぽぐらいの大きさで、鶏を一羽丸ごと入れてコロモをつけ、ディープフライしたもの。量は二、三人前というところでしょうね。フライにすることは同じでも日本のコロッケとはまったく違う料理だと思いました。

日本人はほんとうに器用ですね。西洋で生まれたものを日本流に変えていって、洋食という日本食に仕立ててしまうのですから。でも、日本人のテーブルマナーはむちゃくちゃです。食べ方も下手ではないでしょうか。

列車の食堂車でもこんなことがありました。昭和二〇年代だったと思いますが、食堂車の中で老紳士が西洋料理を食べていましてね、その方はウンウン言いながら、丸いパンをナイフで切っていました。そうしたまちがいが多く起こったのも洋食の歴史です。テーブルマナーは、普段の食事の時に覚えないとだめですね。家庭で食べる時もナイフ、フォークを使うようにしてこそ、使い方やマナーも覚えられるのではないでしょうか。もちろん子供の時から教えるべきです。

谷崎潤一郎のビフテキ

私は、結婚するまで、家事というものをしたことがありませんでした。結婚したのは三〇歳、昭和三〇年です。女の三〇歳といえば、当時はかなりオバサンです。ここで、家事をしなければ、せっかく獲得した夫を逃がしてしまうと、料理も一所懸命やりました。レタスは手で千切る、大根おろしは食べる直前におろすなどの、当たり前のことさえ知らなかった私が、なんとか人に食べてもらえる料理を作れるようになったのは、やはり女優という仕事のおかげでした。

仕事の関係で行ったレストランや料亭で、必ずカウンターに近い席を取ってもらうのです。そして、調理場をのぞき込み、真似できそうなことがあれば、真似をし、食べながら味付けを覚えようとしました。

食べもののことで忘れられないのが文豪、谷崎潤一郎先生です。昭和二四年に撮影が始まった谷崎先生原作の『細雪』に出演したのがきっかけで、亡くなるまで何度も食事をご一緒させていただきました。京都のお宅や湯河原の家では、和食一辺倒で、出前は料亭『辻留』。板前さんが材料から皿、小鉢まで持って、出張してくるという豪勢なものでした。また、牛肉は『小川軒』からわけてもらっていましたね。昭和二四年当時、谷崎家の台所の費用は三〇万円を超したそうです。時々東京に出ると、決まって銀座で、和食ではなく西洋料理を食べていらっしゃいました。

「どこかにおいしいビフテキはありませんか」

そんな電話をいただいて、銀座にビフテキを食べに行く約束をしたのは昭和四〇年の夏でした。でも、それからひと月もしない七月三〇日、突然、私のもとに谷崎先生の訃報が届きました。ちょうどその日は、ビフテキを食べる約束の日だったのです。

谷崎先生と接して教えられたのは、食べることに興味と情熱を失ってはいけないないということです。世の中には、食べることなど労働のためのエサぐらいにしか考えない人もいるようです。でも、私は食べることに情熱のない人は、他のことにも情熱が薄いのではないかと思います。

私も食いしん坊です。今年七五歳になりますが、今でも肉をよく食べます。年をとってからの脂分は、身体に良くないとも言いますが、私も主人の松山善三もいたって元気です。身体が要求するものを素直に食べればよい。ただしバランスよく。これが私のモットーです。

そういえば、主人との初めてのデートも銀座でした。フランス料理の『レストラン・シド』というお店です。『二十四の瞳』の撮影で知り合った彼は、当時、月給一万数千円の助監督。格式ばったレストランの中で居心地悪そうにしていました。

料理がきて、私が「どうぞ」と言っても「ハイ」というばかりで、まったく料理に手を付けない。「もしやフランス料理が嫌いなのでは」と私がはらはらし始めた時、彼は言いました。

「この料理はどのナイフで食べるのですか。先に食べてください。真似をしますから」

私は、はっとして、こう答えました。

「どれを使ってもいいのじゃないかしら、おいしく食べられれば……」

すると、彼はようやく食べ始めました。それを見ながら私は、こんなに率直で素直な人がいるのだなと感動し、その時、彼との結婚を決めたのです。（談）

自宅で、外出先で、旅の途上で。

忘れられない贈りもの

暦の祝日は祝わないが、家族の記念日や嬉しいことがあった時に贈りものをするのが松山家の流儀。そんな一家の、夫から妻へ、父と母から娘へ、それぞれの心がこもったプレゼントの数々——。

1〈夫から妻へ〉
カメオ

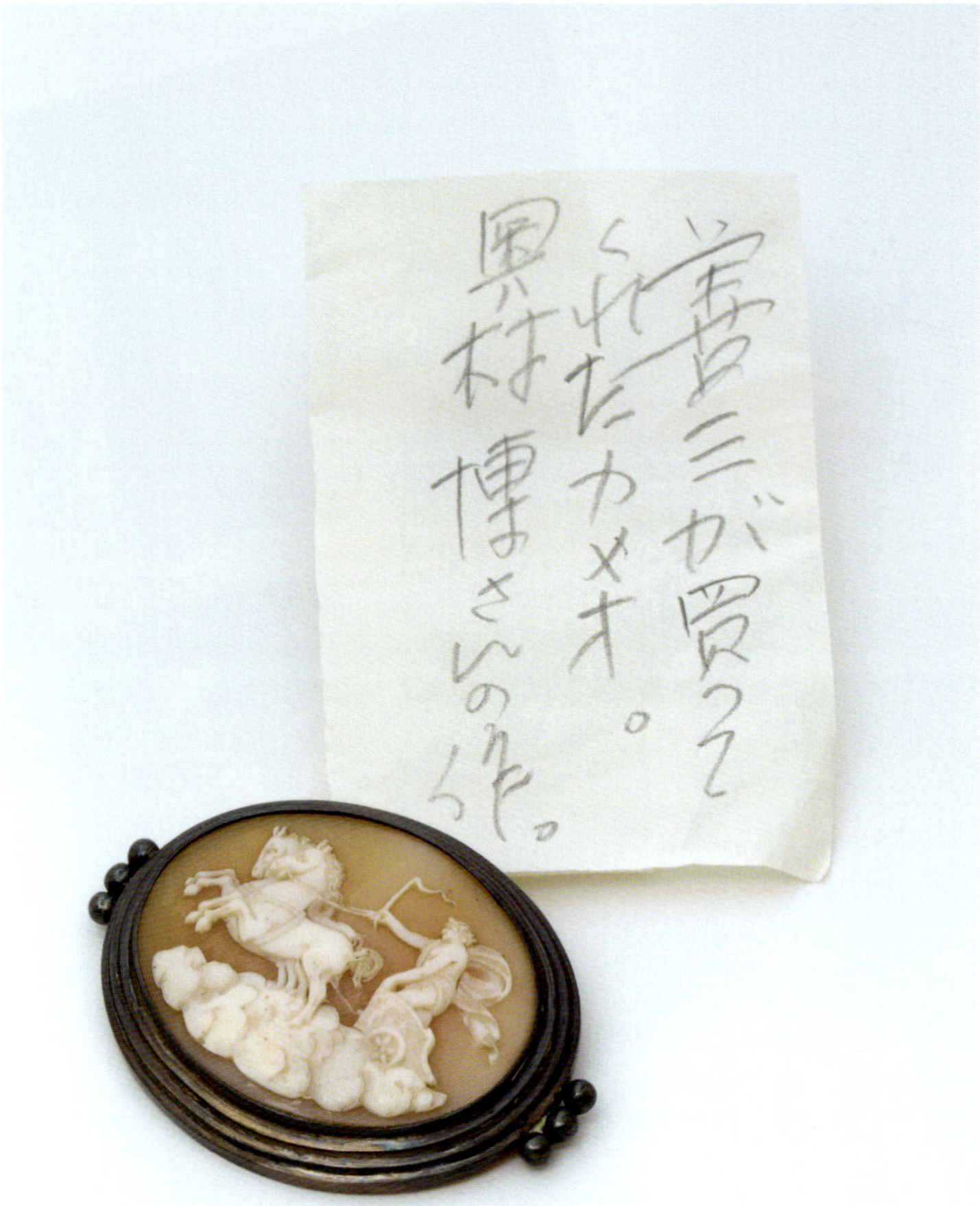

正確には、まだ夫になる前、交際中だった時、松山氏が高峰さんに初めてした贈りもの。イタリア産のカメオ。それを高峰さんが彫金家の奥村博史氏に依頼してブローチに仕立ててもらった。長径6㎝。紙片は、生前、高峰さんがわかりやすいようにと斎藤さんに渡した直筆メモ。

2〈夫から妻へ〉

腕時計

結婚後、初めて松山氏が高峰さんに贈った物。シンプルで華奢なフォルムは、いかにも高峰さんが好みそうな趣味だ。この時計にまつわるエピソードは、120頁からの斎藤さんの随筆を。

3〈父から娘へ〉指輪

右は父松山氏が、左は母高峰さんが、娘明美さんにあげた銀の指輪。どちらもシンプルなデザインで、夫妻のセンスの良さがよくあらわれている。明美さんは普段も身に着けている。

左頁下／この3点は、ホノルルの「ジョージ・ジェンセン」で、松山氏と高峰さんが明美さんのために見立ててくれた指輪、イヤリング、ペンダント。金色のアクセサリーをつけていた明美さんに、高峰さんは「働く女性には銀のものが合うよ」と助言した。

4〈母から娘へ〉

指輪

見立ててくれたもの

5 〈父から娘へ〉
文鎮

彫刻家・平櫛田中(ひらぐしでんちゅう)の作。切りだし材に蛙がとまった図を彫った、いかにも文人好みの逸品。「君は変わってる。物書きになりなさい。物書きになれば、多少変わっていても許される」と、明美さんの背中を押してくれた松山氏からのプレゼント。長さ17.5cm

6〈父から娘へ〉ペン皿

松山氏が愛用していたもの。深さに傾斜があり、筆記用具が取り出しやすいよう工夫されている。氏の趣味の良さがわかる。「なのに貰ってしばらくして私が落としてしまい、端が割れちゃったんです。何とか瞬間接着剤でくっつけたんですけど……父には内緒です」。2本のペーパーナイフは松山氏所蔵のもの。長さ23.5cm・幅10.5cm

7〈母から娘へ〉ネックレス

初めての自著『高峰秀子の捨てられない荷物』を上梓し、郷里の高知へサイン会に行く時、「これをしていきなさい」と、高峰さんが明美さんにくれた思い出の品。オニキスをパールと金の粒がつなぐロングネックレス。

8〈母から娘へ〉バスタブのおもちゃ

高峰さんがかつてパリの蚤の市で手に入れて、灰皿に使っていた。掌に乗る可愛らしいサイズ。「灰皿に使いなさい」とくれたが、明美さんはシルバニアファミリーのお風呂に使用中。真鍮製。長さ13.5cm・幅6cm・高さ5.5cm

9〈夫婦から娘へ〉
指輪

元旦もクリスマスも普段通りに過ごした夫妻だが、家族の記念日は大切にした。これは2002年の明美さんの誕生日に贈ってくれたもの。「お誕生日おめでとう。とうちゃん　かあちゃんより」と高峰さんの直筆。指輪はもちろん、カードも、高峰さん自らが包んでくれた袋もリボンも、明美さんの宝物だ。

10〈夫婦から娘へ〉
ご祝儀

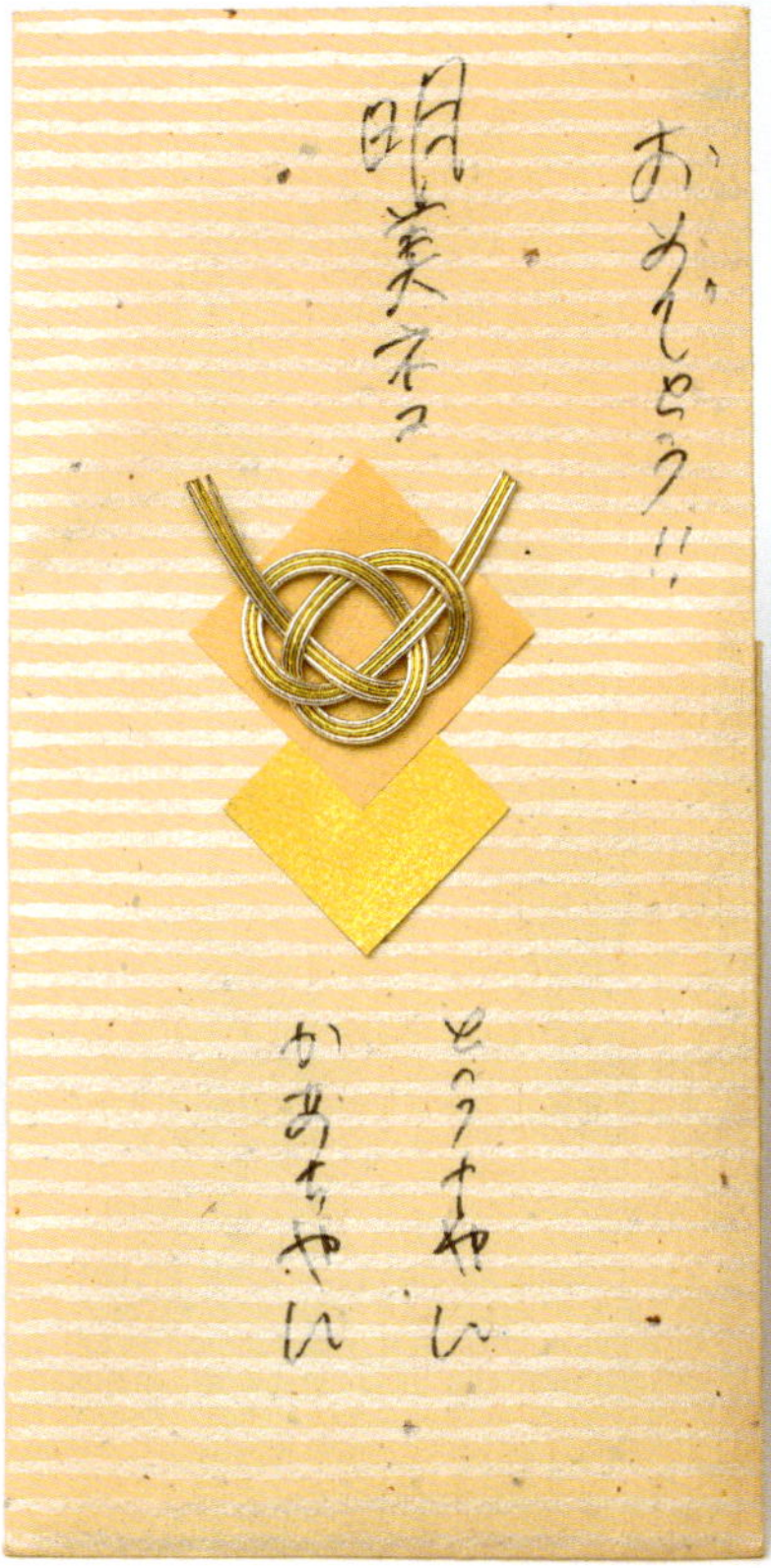

斎藤さんは1999年に初の小説「青々と」で第10回日本海文学大賞奨励賞を受賞。それを誰よりも喜んでくれたのが松山夫妻だった。「おめでとう!! 明美ネコ」の文字には、高峰さんのあたたかな気持ちが込められている。高峰さんはいつでも贈りものやお礼に使えるように、洒落たポチ袋やカードを抽斗の中に揃えていた。

11〈母から娘へ〉Tシャツ

年に数カ月をホノルルで過ごしていた松山夫妻。夏、日本で仕事をしている明美さんの職場に高峰さんがハワイから送ってくれたもの。「かあちゃんとおそろいです」、あえて手紙でなく、タグの余白に書いたところがいかにも高峰さんらしい。お礼の電話をすると、「かあちゃんはS（サイズ）だけど、あんたはMね」と悪戯っぽく笑ったという。

12〈母から娘へ〉ワンピース

卵色の生成りが上品な、麻のワンピース。職場を抜けて懇意な新聞記者とお茶を飲んでいたら、「今回出した本のこと書いていいですか?」と言われ、いきなり記者がパチカメで撮影。「私とは思えないくらい良く撮れてるでしょ?」と高峰さんに写真を見せると、「かあちゃんのワンピース着てるからだよ」と、高峰さんはいとも満足そうに微笑んだとか。同じ生地のベルトがついているが、斎藤さんは「ボンレスハムみたいになるから」といつもベルトなしで着ている。

赤い小銭入れ

斎藤明美

高峰が言った言葉が忘れられない。

「『サンダカン八番娼館』で、田中絹代さんが栗原小巻に、『お前が使っていた手拭いをおくれ』って言うシーンがあるの。あの気持ち、すごくわかる。その人が身につけていた物が欲しいという気持ち……。あの時の田中さん、よかった」

正式なタイトルは『サンダカン八番娼館　望郷』、一九七四年に公開された熊井啓監督の名作である。第二次大戦中に存在した〝からゆきさん〟と呼ばれる海外売春婦について調査していた女性史研究家（栗原小巻）が、貧しく孤独に暮らす〝からゆきさん〟だった一人の老婆（田中絹代）に出逢い、共同生活をしながら老婆が語る過去を記録してゆくという物語である。

別れの日、女性史研究家はせめて心ばかりのお礼にと、封筒に入れた金を渡そうとする。しかし老婆はそれを固く拒んだのち、遠慮がちに言うのだ、

「お前から銭でのうて貰いたか物があるとじゃ」

「なぁに？」

老婆は逡巡した後、思いきったように言う、

「東京へ帰って他にも手拭いば持っとるなら、今お前が使うとる手拭いば、わしにくれんか」

女性は顔を輝かせながら、旅行鞄から白いタオルを取り出して老婆に渡す。

老婆はそれを押し頂きながら、言うのだ、

「この手拭いば使うたんびに、お前んことば思い出せるけんな」

そして、女性から顔をそむけると、一気に号泣する。

物語の究極とも言える素晴らしいシーンだ。

そのことを、高峰は言ったのである。

高峰からその言葉を聞いた時、私は改めて高峰秀子という人の感性に打たれた。

人の心がわかる人だ。

実生活で、高峰秀子は少女時代、田中絹代さんに可愛がってもらい、セーターなど洋服や櫛《くし》や笄《こうがい》を贈られている。櫛の一つは、後年、舞台「華岡青洲の妻」で母親役を演《や》ると言う杉村春子さんにあげたそうだが、他の櫛はまだ松山家にある。

何もかも処分してしまった高峰が、それだけは残していた。

「田中さんほど私を可愛がってくれた人はいない」

高峰は幼い頃、先輩から受けた愛情を大切にしまっていたのである。

高峰は、贈り物が上手い人だった。

贈る物も、贈るタイミングも上手かった。

風邪で喉が痛いと言っていた編集者には、翌日、その人にあげてと、同じ出版社に勤めていた私に喉飴を託した。対談の時に焼酎が好きだと言っていた作家には、それを覚えていて、希少な焼酎の到来物があると贈った。もちろん高価な贈り物もした。

相手の負担にならぬよう、さりげなく贈る。

逆に、いくら高価な物を贈られても、高峰は喜ばなかった。

ある女優が真っ赤なスカーフを宅配便で送ってきた。見るからに高級なブランド品だったが、高峰はすぐさまそれを知人にあげた。

形ある物を人に贈るのは難しい。人にはそれぞれ好みというものがある。

特に高峰は好みがハッキリしていた。

たとえそれが夫からの贈り物であっても、好まぬ物は受け取らない。

まだ結婚したばかりの頃、松山が高峰に反物を買ってきた。だが高峰はそれが気に入らず、呉服屋に行って取り替えてもらった。

「二度と秀さんには贈り物をしない」

松山は怒ったそうだが、もちろんその後も様々な物を贈った。

１０９頁に掲載されている小さな銀の時計もそうだ。

だが、あやうくこれは私の物になりかけた。もう十年以上前だろうか、ある日、高峰が私に言った、

「これ、私はもうしないからあげるよ」

ジョージ・ジェンセンの指輪だった。

「え、いいよ、そんな……」

本当は嬉しかったが、一方で、高峰から何かを貰うことに、私は気が引けた。

「これもあげる」

銀の小さな時計を差し出した。

「いいよ、ほんとに……」

戻そうとして、裏側に小さな文字が刻まれているのが見えた。

「何か書いてあるよ……To H 27……」

私が刻まれた文字を声に出して読み始めた時だ、

「あッ、それはダメ！」

高峰は急いで私から奪うと、それを胸に抱きしめた。

私はピンときた。

だからわざと「欲しい、欲しい。くれるって言ったじゃない」と、高峰が抱いている時計に手を伸ばした。

「ダメ、ダメ。これはとうちゃんがくれた物だから」

うっかり大事な物をやろうとして慌て、愛おしそうに胸から離そうとしない高峰が可愛らしかった。

「H」は「秀子」、最後に刻まれている「Z」は善三のことだ。結婚して二年目の高峰の誕生日に松山がプレゼントしたものだった。

「かあちゃんにはもう大きいから、あんたが着ればいいよ」

ある時くれたのは、卵色の品のいいワンピースだった。

何かを買ってくれるのではなく、高峰が身につけている物をくれたことが、心から嬉しかった。

「いい万年筆を一本ぐらい持っていたほうがいいよ」

松山は、私などにはもったいないような外国製の万年筆をくれた。松山が使い込んだ物なのが、嬉しかった。

もちろんだが、私には二人にあげる身につけていた物などはない。

ホノルルにいた時、レストランで昼食を取る前に時間があったので、ショッピングセンターをブラブラしていると、あるブランド店でバーゲンをやっていて、ワゴンに小銭入れが並んでいた。

「小銭入れは目立つように赤い色がいい」と、以前高峰が言っていたのを私は思い出した。

「かあちゃんの本の増刷祝いに私が買ってあげる」

「ほんと？　でも……」、高峰は遠慮したが、

「いいよ、いいよ。一度ぐらい私にプレゼントさせてよ」、私は高峰に好きなものを選んでもらった。

高峰は小さな赤い小銭入れを選んだ。

待ち合わせた松山がやってくると、高峰はベンチに掛けて、小銭入れを包みから出した。

「いいじゃないか」

松山が言うと、

「明美が買ってくれたの」

小さな小銭入れを撫でながらそう言った高峰の横顔が、今も忘れられない。

「結婚して五十年、私は松山に何をしてあげられたかと考えると、何もしてあげられなかったの。でももし唯一あるとすれば、私が寝付かなかったこと」

人生の最期の、ほんのわずかな時間、高峰は病院で寝付いた後、死んだ。

「家から持ってきて」、高峰に言われて病室に持ってきた愛用のハンドバッグに、死んだあと、その赤い小銭入れがあるのを見つけた。

おそらく、松山にとって高峰からの最大の贈り物は、高峰秀子という人間そのものだった。

そして高峰にとっても、松山善三という人と結婚できたことが、何ものにも替えがたい贈り物だったと、私は、小さな赤い小銭入れを見ながら、思った。

高峰秀子自筆原稿「松山善三」

「週刊文春」のコラム「私のご贔屓」第1回で〝三銃士の松竹梅〟として安野光雅さん、沢木耕太郎さん、そして夫君松山善三氏について書いた。

「松山善三」

私は、青年松山善三と結婚したとき、彼に向かってこう言いました。

「私はいま、人気スターとやらで映画会社がたくさんの出演料をくれていますが、くれる金はありがたくいただいて、二人でドンドン使っちゃいましょう。でも、女優商売なんてしょせんは浮草稼業。やがて私が単なるお婆さんになったときは、あなたが働いて私を養ってください」

「ハイ。分りました」

以来、私たち夫婦は金銭に関わる話を一度もしたことがない。

そして、それから四十七年。半病人のマダラ呆けになったオバアの私を、これも老いたる猫に変貌した松山オジイは、脚本書きの収入で約束通り、私を養ってくれている。

小さな台所でお米をとぎながら、オバアはひとり呟いている。

「ボカァ、幸せだなぁ」ナーンチャッテ。

あとがき

夫婦には、夫婦にしかわからないことがある。

「明美は勝手なこと書いてるけど、私達はそんな立派な夫婦じゃないよ」

高峰は苦笑しているかもしれない。

だが私は、私が見た事実と、私が感じたことを、ただ忠実に書いた。

「あんたは私への思い入れが強いからね」

いつか高峰が、半ば溜息まじりにそう言って微笑んだことがある。だからひいき目に見るんですよと言わんばかりに。

「かあちゃん、それは失礼ですよ。私の目が節穴だって言うんですか」

私は抗弁した。

今も抗弁する。

高峰秀子と松山善三は、見事な夫婦である。ちょっと変わってはいるが。

夫婦に定形はない。正解もないだろう。世の中、夫婦の数だけ夫婦の形がある。

しかし、そのどちらもが一個の人間として自分の脚で立ち、自分はもたれかからないが、もし相手が寄りかかってきたら支えてやろう。その覚悟と日々の実践がなければ、幸せな夫婦にはなれない。

高峰と松山を見ていて、そう確信する。

斎藤明美

平成二十四年十月

穏やかに微笑む妻と、騎士のように寄り添う夫。

参考文献

高峰秀子『瓶の中』文化出版局 1972年
高峰秀子『いいもの見つけた』潮出版社 1979年
高峰秀子『つづりかた巴里』潮出版社 1979年
高峰秀子『私の梅原龍三郎』文春文庫 1997年
『不滅のスター 高峰秀子のすべて』出版協同社 1990年
川本三郎責任編集『別冊太陽 女優 高峰秀子』平凡社 1999年
高峰秀子『コットンが好き』文春文庫 2003年
高峰秀子『おいしい人間』文春文庫 2004年
高峰秀子『人情話 松太郎』文春文庫 2004年
高峰秀子『にんげん住所録』文春文庫 2005年
高峰秀子『にんげん蚤の市』清流出版 2009年
斎藤明美『最後の日本人』清流出版 2009年
斎藤明美『高峰秀子の流儀』新潮社 2010年
斎藤明美監修『高峰秀子─高峰秀子自薦十三作 高峰秀子が語る自作解説─』キネマ旬報社 2010年
斎藤明美『高峰秀子との仕事1 初めての原稿依頼』新潮社 2011年
斎藤明美『高峰秀子との仕事2 忘れられないインタビュー』新潮社 2011年
斎藤明美『家の履歴書 今は亡きあの人篇』キネマ旬報社 2011年
高峰秀子『いっぴきの虫』文春文庫 2011年
高峰秀子・松山善三『旅は道づれアロハ・ハワイ』中公文庫 2011年
高峰秀子『巴里ひとりある記』新潮社 2011年
高峰秀子『まいまいつぶろ』新潮社 2011年
「芸術新潮」没後一周年特集 高峰秀子の旅と本棚 2011年12月号
高峰秀子・松山善三『旅は道づれガンダーラ』中公文庫 2012年
高峰秀子『わたしの渡世日記』上・下 新潮文庫 2012年
高峰秀子『にんげんのおへそ』新潮文庫 2012年
高峰秀子・松山善三・斎藤明美『高峰秀子 暮しの流儀』新潮社 2012年
高峰秀子・松山善三『旅は道づれ雪月花』ハースト婦人画報社 2012年
高峰秀子・松山善三『旅は道づれツタンカーメン』中公文庫 2012年
高峰秀子『忍ばずの女』中公文庫 2012年
斎藤明美『高峰秀子の捨てられない荷物』新潮文庫 2012年
高峰秀子『私のインタヴュー』新潮社 2012年
高峰秀子『台所のオーケストラ』新潮文庫 2012年

協力

松山善三 斎藤明美
松山ノラ 松山タマ

写真

毎日新聞社……p15上
朝日新聞社……p15下
斎藤明美……p24・32・52・56・60・80・84・88・92
新潮社……p33・53・58・61・65
文藝春秋……p90
青木登（新潮社写真部）…p3・108―117・119上
広瀬達郎（新潮社写真部）……p118

ブックデザイン
長田年伸

シンボルマーク
久里洋二

*本書収録の写真で撮影者が明らかでなく、連絡のとれないものがありました。ご存知の方はお知らせください。

*転載記事中の記述で現在は不適切と思われる表現がありますが、関係者への差別や侮蔑の助長を意図するものではないことをご理解ください。（編集部）

「とんぼの本」は、美術、歴史、文学、旅をテーマとするヴィジュアルの入門書・案内書のシリーズです。創刊は1983年。シリーズ名は「視野を広く持ちたい」という思いから名づけたものです。

高峰秀子《たかみねひでこ》　夫婦《ふうふ》の流儀《りゅうぎ》

発行　2012年11月20日

編者　斎藤明美《さいとうあけみ》
発行者　佐藤隆信
発行所　株式会社新潮社
住所　〒162-8711 東京都新宿区矢来町71
電話　編集部 03-3266-5611
　　　読者係 03-3266-5111
ホームページ　http://www.shinchosha.co.jp/tonbo/
印刷所　凸版印刷株式会社
製本所　加藤製本株式会社
カバー印刷所　錦明印刷株式会社

乱丁・落丁本は御面倒ですが小社読者係宛お送り下さい。
送料小社負担にてお取替えいたします。
価格はカバーに表示してあります。

ISBN978-4-10-602237-1 C0395